神奇的祈禱圈

The Circle Maker

Mark Batterson

馬克・貝特森——著　譯——梁麗燕

勇敢告訴神，
讓祂成就你的夢想與祝福！

目錄

Part.4

然後，持續畫圈 271

獻給我的岳父鮑伯．席米格，
你跪下祈禱的記憶會永遠留存，
你的祈禱也是。

專文推薦

畫出屬於你的祈禱圈吧！

廖文華

你們祈求，就給你們；尋找，就尋見；叩門，就給你們開門。

——〈馬太福音〉七章七節

當你拿起這本書時，你正接到一個愛的邀請。上帝邀請你，經歷祂豐盛的愛與恩典。上帝邀請你，透過信心的禱告，進入充滿神蹟的生活。

馬克牧師在美國最有權勢、卻也是犯罪率最高的城市——華府，改變了數以萬計年輕人的生命，用最創新的方式滋養人們乾涸的心靈。他們在電影院裡做禮拜、在爆米花香味裡唱詩歌、甚至創辦了國會山最棒的咖啡屋。從二十五人到擁有數萬會友；從向公立學校租場地到買下地價高到難以想像的國會山最後一塊地興建教堂、擁有七間據點的教會、甚至在德國柏林也成立教會。這些創意和智慧，並非來自馬克的博士學位，而是來自禱告後聽見上帝的聲音。這些豐碩的成就，並非來自馬克的個人努力，而是來自禱告後經歷上帝的作為。馬克．貝特森一次又一次在他的夢想旁畫出祈禱圈，然後看見上帝成就超過他所求所想的。他用大膽夢想、用力祈禱、長遠思考來畫圈。

十五歲的一個晚上，那時剛去教會沒多久的我跪在床邊第一次向上帝禱告：「上帝，如果你是真實的，我希望能擁有祢的愛，和真正的快樂。」我在床邊畫了個小小的祈禱圈，圈住那個自卑、不快樂、成績一塌糊塗、對未來毫無夢想、常常會有結束生命念頭的小男孩。從那天開始，一道光照進我內心，我變得有笑容、有自信。

二十七歲的一個晚上，那時正在軍中的我，醫院檢查出我的第四、五節腰椎裂開、滑脫，我的身體很疼痛，內心也非常恐懼和煎熬。我害怕開刀、不知道自己是否仍有未來、交往七年的女友是否會離開。夜闌人靜時，我跪在床上禱告：「上帝，請你醫治我，讓我能服事你。」我畫了個小小的祈禱圈，圈住那個充滿痛苦和恐懼的大男孩。幾週後，我在教會聚會中經歷到醫治的神蹟，八、九年過去了，我仍健康活躍地服事上帝，而當年的女朋友早就成為我的妻子了。

二十九歲那年的夏天，我和馬克一樣做了一次漫長的行走禱告，從充滿青少年的西門町到老舊的艋舺國宅，經過一所所學校、一條條陰暗狹窄的巷弄。我禱告：「上帝，請你使在西門町玩樂的青少年，和在殘破環境裡憂愁的弱勢孩子都能被祢的愛觸摸，經歷我十五歲時的改變。」走得汗流浹背、兩腿發痠，畫出很大的一個祈禱圈。在那之後幾個禮拜，「夢想之家」誕生了。成為青少年孩子溫暖的家，帶給青少年夢想。

夢想之家從七個人開始，今天已經有四百多個熱情有活力的青少年了。從不到二十坪的舊公寓開始，今天已經有兩百多坪的青年中心了。夢想之家的課輔計畫、創意藝術學校、校園外展計畫已經服務了超過三千位青少年。海內外志工服務計畫每年培訓數以百計的青少年成為僕人式的領袖。「希望在台北」家訪計畫讓許多弱勢家庭的孩子得到經濟協助、夢寐以求的書籍和禮物，還有大哥哥、大姐姐的關懷和友誼。弱勢數位偏鄉課輔計畫期待讓偏鄉青少年也能得到最高品質的課輔教學，讓他們有機會透過教育創造未來。

而我也開始從西門町到台灣的許多城市，甚至到美國、英國、日本、香港、中國大陸、馬來西亞、印尼的校園、大型國際會議、非營利組織、教會去分享我對青少年的夢想。這一切都始於七年前夏天的那個禱告，而我所畫出的祈禱圈仍然在不斷擴大。這本書讓我決定要用大膽夢想、用力祈禱、長遠思考圈住我對下一代青少年的夢想。我相信每個青少年都能在充滿愛的環境中快樂成長，他們能有榜樣典範，勤奮向上，也充滿創意，更能成為樂於分享與付出的人。

這本書令人興奮無比！就像看完任何一本充滿美食圖片的食譜一樣，但是想要吃到美食？那就捲起袖子，照著去做吧！不要只是看著馬克畫出他的祈禱圈，不要只是羨慕上帝給他的祝福與神蹟。開始畫出屬於你的祈禱圈吧！

耶穌說：「要我為你做什麼？」瞎子說：「拉波尼（就是夫子），我要能看見。」耶穌說：「你去吧！你的信救了你了。」瞎子立刻看見了，就在路上跟隨耶穌。」

——〈馬可福音〉十章五十一至五十二節

今天耶穌對你發出邀請：「要我為你做什麼？」
跪下來畫出你生命中的第一個祈禱圈吧！夢想將會成真！

（本文作者為基督教台北真道教會牧師、社團法人中華民國夢想之家青年發展協會理事長）

專文推薦

一本讓人想邊讀邊大喊Yes的書

劉駿豪

這是一本讓人邊讀會邊想大聲喊「Yes！」的書！

作者馬克．貝特森用了許多獨特但簡單的字句，道出我們內心很難清楚陳述出來的真實感受，在閱讀的過程中，彷彿受到某種撞擊，很多現在或過去想做的禱告一一被激發出來，甚至喚醒了那些充滿期待卻又不敢向神祈求的事。

書中寫道：「我們是基於我們的無知而祈求，神卻是以祂的全知全能來回應。神絕對有能力回應那些我們應該祈求的事物，我們卻因為缺少祈求的智慧或能力，而沒有說出來。」

作者不斷提到，畫出我們的祈禱圈，也就是將我們的願望寫下來、列出來，越精確越好，因為「祈禱越精確，神就會得到越多榮耀」。神凡事精準，從不誤事，但我們時常因為缺乏信心，而小看了神的偉大，只敢做模糊的禱告，以至於事後我們會忍不住質疑神是否有回應，也令我們無法認清神給的夢想。

因為這本書，跑去翻出了以前的生活靈修筆記，再次激勵自己應該回到每天期待神賜驚喜的日子；也提醒我除了禱告尋求答案外，應該先踏出受感動後的第一步，先有所行動，神一定成就。

「想要體驗神蹟，你就得冒險。而最困難的風險之一，就是賠上你的名譽。」書中這段話，使我想起四年前大學指考結束後，記者們在資訊完全不充足的情況下要我預測台大醫學系的錄取分數。當時，我突然心裡有種感動，覺得這次好像可以透過禱告求問神，見證奇妙可畏的主，那時我還找了一位非基督徒的數學統計高手在我身旁證明此事，之後做了大膽的禱告：「祈求神告訴我今年台大醫科的分數。」心想錯了頂多我被罵，但若成了，不就是順著感動後的美好禱告嗎？感謝主！雖然說出來的分數被身旁所有人質疑，認為我估計過低，可是放榜後居然就是神給的數字，一分不差！[1] 好險自己沒有在關鍵時刻為了顧及面子而退縮，否則怎可能經歷這麼奇妙的體驗呢？所以作者寫的這幾句話，我特別有感觸。

「祂給予的能力遠超過你接收的能力」、「神喜歡在我們預料之外的時機，用我們預料之外的方式出現」、「神的賜予總是來得正巧、給得剛好」，這些經典的心得，都將在

1 台大醫學系的分數預估，發生在民國九十八年七月十七日，當天只公布各科分數的累積人數表，而隔天公開六科相加後的人數，意即十八日的數據才能比較準一些，但一定仍有差距。神告訴我的524分，比大家用數學式子算的528分低了許多，可是到了八月七日放榜，發現當年錄取分數是523.16分，所以只有524分才能剛好一分不差地錄取，事後記者也一直想知道我到底是怎麼估算的（因為他們仍不相信只靠禱告），因此給了我向他們說更多見證的機會！更重要的是，此事可從四個日報的報導日期證實，也多了向更多人見證的素材。

書中觸動你我的心；沒有教條式的規則或步驟，作者利用一個個故事寫出最生動靈活的實用禱告原則，更重要的是未來運用這些原則，你我也能和作者一樣，經歷奇妙美好的事蹟。讀了這本書之後，發現神一直在我身邊，因為被再次激勵的我，重新回到了敢與神一同夢想的起初！

希望這本書也能激勵大家，重回尋求對神禱告、並即刻行動的生活，跨出看似說不通的那一步，並堅持到底的等候。套用作者的話：我們容易高估自己在一年內能夠達成的事情，也可能低估了自己未來十年所能達成的事情。

（本文作者為得勝者文教負責人）

專文推薦

每一滴眼淚，神都收集

托比

小時候對基督信仰的認識是從電線桿上開始的：

「天國已近。」

稍大一點之後的認識，則是在路上聽到一群不認識的人喊著：「耶穌愛你！」

「耶穌？耶穌是什麼，是餅乾嗎？」

一直到我十五歲那年第一次去教會時，才知道天國其實是我們期盼最美好的歸宿，耶穌其實不是餅乾，祂是上帝的兒子，但祂為我們死，把上帝從天上賜下那數算不清的恩典讓我們吃得飽足。

從我開始接觸、接受、進而接納基督信仰，現在數來已有二十年的時間。

我也曾因為各式各樣不同的原因離開神，但是神

總是一次次把我又重新帶回祂的面前，因為神給我的那份令人渴求的愛，是前所未有的滿溢。

和大家分享一個我的故事。

二〇〇〇年我剛退伍，我考上了台中的學校後，就帶著三萬塊錢離開台北。

找落腳的住處、工作，在台中求職並不順利，這過程當中讓我真是吃足了苦頭，好不容易上了軌道，才發現手邊只剩下十二塊錢，而我的發薪日還有一個星期的時間。

那天晚上，我買了泡麵，坐在房間裡。往右邊的窗戶看出去，看到一家人在溫暖地享受滿桌的晚餐，和我眼前的處境形成強烈的對比。

怎麼辦呢？這一個星期我還能吃什麼，沒錢加油要怎麼去上班呢？

我的心情有點動搖，而我的眼睛也開始模糊。

我只好拿起吉他唱詩歌，感謝神給我飲食，雖然我想試著平撫心情，但我卻邊唱邊哭。

吃完那一生最為美味、最為難忘的泡麵後，看到桌上有張便利商店給的統一發票的對獎號碼單，我沒多想什

麼，從抽屜裡拿起為數不多的發票來對。

我的人生從來沒有中過一張以上的發票，但那天晚上我連中了六張兩百元。

那個晚上是我哭得最開心的一次，我沒看過神，但那天我在最貧困、最需要時，經歷了最不可思議的時刻。

後來，那四張發票我去便利商店換足一星期的糧食，另二張則和人換了三百元的現金用來加油。

在閱讀這本書之後，我想起那年在最貧困的時光所經歷的，眼淚讓我記得神給予我最深刻的一切，同時也讓我體認到禱告的威力。

馬克牧師讓我重新認識和神說話的方式，同時我也開始學習禱告圈的美好，就像書中告訴我的：

不要只是閱讀聖經，要開始圈住承諾。

不要只是許願，要寫下一連串能榮耀神的生活目標。

不要只是祈禱，要養成寫祈禱日記的習慣。

定義你的夢想。

要求你的承諾。
寫下你渴求的神蹟。

希望每位朋友在翻閱本書後，也能開始畫起與上帝的圈圈。

（本文作者為圖文作家、神的僕人）

Part 0

在開始畫圈之前

第1章 畫圈人的傳說

一個人的祈禱，就能改變歷史

孩子們在滂沱大雨中跳著舞，好像沒見過雨水一樣。這倒是真的，他們真的沒見過。大人們仰著頭，張大嘴巴迎接雨水，把它們當成仙酒一般。這也是真的，對他們而言確實是。當雨水超過一年時間都沒有降下的時候，它們就像是從天空掉下來的鑽石一樣。

那一天將會被人們永遠記在心中。那天，轟轟雷聲在為全能的神喝采；那天，被踩得四處飛濺的水花變成了一種讚美；那天，畫圈人的傳說就此誕生。

那是在西元前一世紀發生的事，一場毀滅性的旱災差點摧毀了整個世代的人民。那是一個耶穌降臨前的世代，在那之前將近四個世紀，最後一批猶太先知就已經全部消失了。神蹟也已經是很久遠的記憶，久到像是虛幻、不存在一般，到處都聽不到關於神的事情了。然而，有一個人，一個住在耶路撒冷城外的奇特智者，他還是勇於向神祈禱。他的名字是何尼（Honi）[1]。他相信，即使人們已經無法聽到神，神仍然聽得到他們。

在雨量充沛的時候，人們不一定會想到他，但是在旱災的時候，這是他們唯一想得到的辦法。何尼是他們唯一的希望。何尼祈雨的能力非常有名，而就在這一天，何尼真正打響了他的名號。

何尼手裡握著六呎長杖，開始像圓規一樣在地上轉圈畫圓。他轉圈的動作有一套節奏跟方法：九十度，一百八十度，兩百七十度，三百六十度。整個過程中，在眾目睽睽之下，他始終沒有抬起頭來。在這個好像花了幾小時、事實上只過了幾秒鐘的動作之後，何尼站進了他畫出的圓圈裡，然後跪下來，將雙手高舉向天。他以先知以利亞（厄里亞）祈求天降火焰的的氣勢，祈求雨水降下：

> 宇宙之神，我以祢之名發誓，我將不會離開這個圓圈，直到我看見祢對祢的子民展現憐憫！

這段話，讓那天所有聽見的人頓時為之顫抖。並不只是因為他宏量的聲音，而是因

1 更多何尼的相關資料，請見《傳奇之書》（*The Book of Legends*）〈聖者的功蹟〉（The Deeds of the Sages, 202-3），《傳奇之書》的故事皆選自猶太法典《塔木德》（*Talmud*）中的〈米德拉什〉（Midrash）。在其他介紹《塔木德》的書中，如：Abraham Cohen, *Everyman's Talmud* (New York: Schocken, 1995), 277, 和Henry Malter, *The Treatise Ta'anit of the Babylonian Talmud* (Philadelphia, Jewish Publication Society, 1978), 270都有提到何尼的故事。另外，「畫圈人何尼」有時也寫作Choni或Honi Ha-Me'aggel和造雨人Onias。

為他語調中的力量，完全沒有一絲一毫的猶疑。這段祈禱並不是從聲帶發出來的；這一字一句就像從噴水井湧出來的水，是從靈魂深處傾洩而出的。他的祈禱堅定而謙卑，確信而謙恭，期待而謙遜。

然後，一切就發生了。

在何尼的祈禱上達天聽的那一刻，雨水隨之降落到地面。四周響起的驚訝聲，橫掃了圍繞在何尼身邊的數千名會眾。當第一滴雨水從天空降下來時，每個人都仰起頭望向上天，何尼卻仍舊低垂著頭。人們歡樂地慶祝雨水，何尼卻不滿足於一場小雨。他仍然跪在圓圈裡，在群眾慶賀的歡呼聲中，拉高了聲音祈求：

我祈求的不是這樣的雨，我求的是能夠充滿水槽、深坑和洞穴的豐沛雨水！

那場小雨，竟轉變為猛烈的傾盆大雨，據在場的人說，每滴雨水都比雞蛋還大。雨勢如此猛烈，持續不停，使得人們必須逃到聖殿山（Temple Mount）去躲避這場突如其來的暴雨。何尼繼續留在他畫出來的圓圈中祈禱，再一次大膽地修正他的祈求：

我祈求的不是這樣的雨，我求的是以祢的恩惠、憐憫和恩典所降下的雨水！

隨後，雨水開始寧靜而平和地落下了，就像一陣令人舒爽的太陽雨，消弭了八月午後的炎熱與煩悶。每滴雨水都明確象徵著神的恩典。這雨水不但浸濕了人們的皮膚，也讓人們的心靈充滿了信念。在**那一天**來臨之前，人們很難相信神；但是在**那一天**之後，人們就很難不相信了。

最後，灰塵變成了濕泥，然後又變回了灰塵。群眾們在解完飢渴之後，也漸漸散去。祈雨者也回到他位於耶路撒冷城外的小屋裡。所有生活又恢復成以往的常態，然而，畫圈人的傳說已然誕生。

何尼被所有他救過性命的人奉為家鄉的英雄，但是評議會（Sanhedrin）裡的某些人質疑這位畫圈人。有個派系的人認為，畫個圓圈來求雨，是對神的不敬。也許這些評議會成員就是在一個世代之後，批評耶穌在安息日醫好一個手乾枯的病人[2]的同樣那些人。他們威脅要將何尼逐出教會，但因為何尼祈雨的奇蹟是不容忽視的，最後，何尼還是因為他虔誠的態度而受到人們的尊敬。

那段拯救了整個世代的祈禱，被奉為以色列史上最重要的祈禱之一。何尼在沙地上畫出的圓圈，也成為一個神聖的標誌。畫圈人何尼的傳說，永遠都見證著「一個人的祈禱就能改變歷史」的驚人力量。

2 編注：猶太人非常看重安息日，耶穌卻在那天醫治病人，法利賽人便以「沒有守安息日」來控告耶穌。

第2章 當個畫圈的人

你如何祈禱，會決定你成為什麼樣的人

從何尼在沙地上畫圈的**那一天**起，地球已經繞了太陽超過兩千次了，但是，神至今都還在尋找畫圈的人。蘊藏在這個久遠故事中亙古不變的真理，到了現在還是一樣：**勇敢祈禱的人能榮耀神，神也會回應大膽祈禱的人**。神不會被你最大的夢想或最大膽的祈求所冒犯，祂反而會因為你不夠大膽而受到冒犯。如果你祈求的事對你來說並不是不可能，那你就等於在侮辱祂。為什麼？因為那樣的祈求根本不需要神的作為。反之，祈求神分隔紅海、讓太陽靜止，或是讓一把鐵斧輕飄飄地浮起，神才會受到感動，展現祂全能的作為。

神最喜愛的，莫過於信守承諾、回應祈禱、顯現神蹟，以及實現我們的夢想。那才是祂，那才是祂做的事。我們畫的祈禱圈越大越好，因為神會得到更多勝利。生命中最棒的時刻，就在於人類的脆弱和神的全能交集在一起的奇蹟時刻——只有在生命遇見不可能解決的困境，我們畫了一個圓圈，邀請神來介入時，這樣的交集才會發生。

我向你們保證：神已經準備好了，祂在等待。因此，雖然我不知道你現在身處什麼樣的處境，但我有信心，你只要祈禱，就能實現夢想、達成承諾，或是得到神賜予的奇蹟。

很重要的是，你必須同意這個簡單、卻能改變生命的事實：**神是在你這一邊的**。[1]如果你不相信這一點，你說出的就會是膽怯的虛弱祈禱；如果你相信，你就會發出大膽的強烈祈禱。但是，不論是膽怯的小祈禱或是強大的大祈禱，都會改變你生命的軌道，讓你成為兩個截然不同的人。祈禱是一種預言，它能預知你未來心靈的模樣。**你如何祈禱，將會決定你成為什麼樣的人**。最終，你祈禱的內容將會成為你生命的劇本。

在接下來的章節中，你會看到現代的畫圈人，他們個個都能啟發你，激動你大膽夢想、用力祈禱、長遠思考。一個高爾夫球選手，在他如願任職於目前經營的高爾夫球場之前，他是先在球場附近拼命地禱告，這會激發你去擁有更大的夢想。那個擊敗了其他一千兩百名應徵者的政府人員，是在連續祈求了十二年後，才終於降落在他夢想的職位上，這也會鼓勵你去堅持神放在你心裡的承諾。那對為了兒子和未來媳婦持續祈禱了二十二年又兩個星期的父母，會激發你做出超乎自我的祈禱。而在一九六〇年，那個為了國會山（Capitol Hill）[2]電影院而向神祈求的福音傳道者，他得到了超越時間的回應，

1 參見〈羅馬書〉八章三十一節。
2 編注：美國首都華盛頓特區的一個街區，美國最高的權力象徵——美國國會大廈即座落於此。

這更會啟發你長遠思考、用力祈禱。

本書會讓你知道，如何去獲得神給的承諾、追求值得神回應的夢想，以及抓住神為你佈下的機會。你將學會如何針對你的家人、你的工作、你的問題和你的目標畫出祈禱的圓圈。但是在我告訴你**如何畫祈禱圈**之前，有一點很重要，就是你必須知道**為什麼這很重要**。畫出祈禱圈，並不是什麼讓你從神那裡得到你想要之物的魔術把戲。神不是瓶中精靈，而你的願望也未必是祂的旨意。更好的情況是，你的願望就是祂的旨意。如果不是的話，你就不是在畫你的祈禱圈，你是沿著圓圈漫無止境地走。

在畫祈禱圈之前，你要先分辨神想要什麼、神的意願是什麼。在祂的至高意願成為你的神聖願望之前，你的禱告生活會非常無力，就像失去了能源供給一樣。你確實可以運用從本書中學到的原則，它們也會幫助你得到你所想要的，但是你要知道，「得到你想要的」並不是目標；目標是圈住神為你準備的承諾、奇蹟和夢想，透過它們來榮耀神。

我的第一個祈禱圈

多年來，我在聖經的承諾和聖靈（聖神）在我心裡形成的承諾的周圍，畫下了祈禱圈。我也在各種不可能的絕境和人事物的周圍畫下了祈禱圈。我為所有事情都畫過祈禱圈——從生活目標一直到財產細項。但是，且讓我從頭說起，回溯到我所畫的第一個圓圈。

在我還是個二十二歲的大學生時，我試著在芝加哥北岸建立一間教堂，但是始終沒有建立起來。過了六個月，我帶著履歷上建立教會失敗的記錄，和妻子蘿拉（Lora）一起從芝加哥搬到華盛頓。可以再度嘗試建立教會的機會來到我的眼前，我的直接反應是拒絕，但是神給了我勇氣去面對我的恐懼，吞下我的自尊，然後再試一次。

我們創辦教會的第一年是很不容易的。我們教會的總收入是每月二千美元，其中一千六百美元必須支付我們向華盛頓市立學校租借來舉辦週日禮拜的的場地費。天氣好的星期天，會有二十五個人來參加聚會。那時候，我學會閉上眼睛來禱告，因為睜開眼睛會讓人感到低落。我受的是學院教育，實在不知道要怎麼帶領人們；當你**就是**那個帶領者的時候，就更具有挑戰性。我覺得自己沒有資格，也很失敗，但那就是神要你在的地方，這樣你才能學會怎麼活在還不成熟的信賴中——而這份不成熟的信賴，正是神用來展現祂最美妙奇蹟的未加工原料。

有一天，我夢到了神想要在國會山興建一座教堂，我受到聖靈感召，一邊禱告，一邊漫步。通常我會在家裡拿來充當教會辦公室的客房裡，邊踱步邊禱告，但這次的啟發不一樣。那時我正在讀〈約書亞記〉（若蘇厄書），裡面一個承諾突然從書頁中跳出來，跑進我的腦海裡：「照著我應許摩西的，你們走過的地方，我都要賜給你們。」

讀著那個神賜給約書亞的承諾[3]，我感覺到神要我收服祂召喚我們前去的那片土地，於是我在國會山的周圍祈禱。我有了何尼式的信心，我相信，只要我有足夠的信心來畫這個祈禱圈，神也會將這個承諾傳給我，就像是從摩西傳承到約書亞一樣。於是，在八月一個炎熱潮溼的早晨，我畫出了我生平第一個祈禱圈。到現在為止，那仍是我走過最漫長的祈禱漫步，也是我畫過最大的祈禱圈。

我從我們在國會山街道上的房子大門開始，沿著F街（F Street）往東走，再往南走到第八街（8th Street）。我穿過把城市劃分成東北和東南四等分街道的東國會街（East Capitol），再往西走到M街（M Street SE），最後往北走到南國會街（South Capitol Street）來完成這個圓圈。事實上，這樣圈起來比較像四方形。我在國會大廈前面停下來，禱告幾分鐘，然後走到聯合車站（Union Station）右轉回家，完成了這四．七哩長的圓圈。

當我完成了這個圓圈，我很難形容內心的感受。我的雙腳痠痛無力，我的靈魂卻在昂揚飛翔。我的感受，大概就像以色列人民走過乾旱的土地、通過約旦河（Jordan River），第一次踏上那片應許之地時，那樣地充滿神聖的信心吧。我迫不及待地想知道，神會如何回應我的祈求。那個祈禱圈花了我將近三個鐘頭才完成，因為我那次祈禱的步調比平時還要緩慢，然而在那之後，神用了十五年的時間，一次又一次地回應著我那三小時的祈禱。

自從我在國會山畫了祈禱圈的那天起，全國社區教會（National Community Church）逐漸成長，成為在華盛頓特區擁有七個據點的教會。現在，我們正規劃在德國柏林成立第一個國際據點。神讓我們在過去十幾年來有機會影響到幾萬人。

只要祈禱，一切都有可能

當我回頭看向來時路，我很感謝神所展現的種種神蹟，而我也很清楚地知道，每項神蹟都是環環相扣的。只要追溯那些神蹟的根源，你就一定會找到一個祈禱圈。神蹟都是**由你或者為你祈禱**而來的副產品，那應該就是讓你想要祈禱的所有動機。

神已經決定，祂的某些力量只能發揮在回應祈禱上面。簡單來說，只有在你祈禱的時候，神才會有所動作。我們沒有得到，是因為我們沒有祈求，或者應該說，**我們沒有得到，是因為我們沒有畫圈**。生命中最糟糕的悲劇，就是那些沒有得到回應的祈禱，只因為它們沒有被好好地祈求出來。

3 注意那個承諾原本是給摩西的，同樣的承諾後來傳給了約書亞。差不多以同樣的方式，神所有的承諾都藉由耶穌基督傳給了我們。儘管承諾必須要在準確的歷史背景中才能被詮釋和應用，但有時候聖靈會刺激我們的心靈，把祂原本給另一個人的承諾轉移給我們。我們要小心，不要盲目地宣示承諾。我認為我們最大的挑戰，就是我們沒有照自己所能或所應該的，去圈出足夠的承諾。

現在有個好消息：只要你祈禱，一切都有可能。你可以帶著神聖的期待而活，因為你不知道神會用什麼方式、在什麼時候、在什麼地方回應你，但是我可以向你保證：祂會回應，而且祂的回應並不侷限於你的祈求。我們是基於我們的無知而祈求，神卻是以祂的全知全能來回應。神絕對有能力回應那些我們應該祈求的事物，我們卻因為缺少祈求的智慧或能力，而沒有說出來。

當我繞著國會山一邊漫步一邊祈禱時，我在一些我根本不知道該怎麼向神請求的事情上面畫了圈。甚至在我不知道的情況下，我在某天會前來信主的人們身上也畫了圈，他們以後會來到我們位於國會山的咖啡屋，而那間咖啡屋在當時連個譜都看不到。我也完全沒想到，那時我在第八街和維吉尼亞大道（Virginia Avenue）路口經過的那棟建築，我們會在十三年後用一筆三百萬美元的恩賜買下它，而那筆錢根本就不在我的祈禱之中。我根本沒有想過，我走在國會山的主要街道兵營街（Barracks Row）時經過的一間電影院，我們會在十五年後把它翻新，然後重新開張，成為我們的第七個據點。

那些回應，都見證了神的力量。那也提醒了我們，如果你畫了祈禱圈，神就一定會回應那些祈禱，不管用什麼方式、什麼形式，或是在什麼時候。神在過去十五年間一直回應著我的祈禱，而祂會一直回應下去。就像何尼一樣，你的祈禱有能力改變歷史。現在就是你開始畫圈的時候了。

第3章 實現你的耶利哥奇蹟

如何圈出你的夢想？

每本書都有它的背景故事。當一個想法在一個作者的腦海裡形成的時候，這個想法就註定要被寫成一本書。因為我相信這個背景故事能夠幫助你們了解這個道理，所以就讓我分享本書誕生的緣由吧。

在我大三的那一年，我對閱讀培養出一個無比強烈的興趣。我把所有多出來的金錢跟時間都花在書籍上。從那時起，我已經讀過幾千本的書籍，主題從心靈、神經學、人物傳記、天文學都涵蓋到了。不但我的書櫃已經大爆滿，我還把書疊到書櫃上面，一直疊到我能觸及的最高高度為止，地板上也有一些書開始堆成一座比薩斜塔。幾年前，我的書櫃已經不夠擺書了，也就是說，並不是所有的書都能「擺進書櫃裡」。我是有一個書櫃，但裡面只放我最喜歡的書，總共有幾十本，其中一本叫做《傳奇之書》（*The Book of Legends*）。

《傳奇之書》是一連串的故事，選自猶太法典《塔木德》（*Talmud*）中的〈米德拉什〉（Midrash）。書裡蘊藏了猶太拉比（rabbis，意謂導師）代代相傳下來的教誨。它涵蓋了超過一千年的智慧，所以閱讀這本書，就好像在挖掘一座考古遺址一樣。當我挖到二〇二頁的時候，我發現了一個彷彿被埋沒的寶藏般的故事。那就是畫圈人何尼的傳說，它從此改變了我的祈禱方式。

我一直都堅信著祈禱的力量。事實上，祈禱是我從我祖父母那裡得來的精神遺產。我的祖父會在夜晚時跪在自己床邊，拿掉助聽器，然後為他的家人禱告。他沒有戴助聽器是聽不到自己聲音的，但是家裡的其他人卻都可以聽到。很少有事情能比聽到有人信實地為你發聲更令人印象深刻的了。

他在我六歲時就過世了，但他的祈禱並沒有隨之逝去。我們的祈禱是不死的。在我的生命中，聖靈曾經對我說過：「馬克，你祖父的祈禱現在正在你的生命中得到回應。」那些時刻，是我生命中最謙遜的時刻。在發現畫圈人何尼的故事之後，我終於了解到，我的祖父在我根本還沒出生之前，就已經為我畫了祈禱圈。

畫圈人何尼的故事，就像是對祈禱能量的啟發。它讓我有了新的辭彙、新的意象、新的方法。它不僅激發我大膽說出我的祈求，同時也幫助我更加堅定地祈禱。我開始在祈禱中為所有的人事物畫圈。在聖經故事當中，耶利哥（耶里哥）之役[1]特別讓我有所啟發。在這場戰役中，神讓以色列人獲得了進入應許之地的第一場勝利，也藉此實現了一個四百年的承諾。

雖然這故事並沒有明確提到人們祈禱的細節，但是我肯定，那些以色列人在繞城的時候也一邊在祈禱著。那不就是你在面對一個遠超過你能力所及的挑戰時，自然而然會做的事嗎？以色列人連續七天繞著耶利哥城行進的景象，就是畫祈禱圈的活生生實例。這也正是本書的背景故事。

耶利哥繞城之行

初次看到耶利哥城的感覺，是令人敬畏和膽顫心驚的。以色列子民流浪了四十年，從沒見過像耶利哥城的城牆那樣高聳入雲、彷彿直上天際的事物。他們越接近，就越覺得自己渺小。他們終於了解，為何他們的祖先會像蚱蜢一樣，因為恐懼而無法進入應許之地。1

一道下半部寬達六呎、上半部高達五十呎的堅固城牆，緊緊環抱著那座古老的城市。用泥塊和磚塊砌成的城牆又高又厚，讓這座面積十二英畝的城市成為一座難以攻下的城堡。神似乎對以色列人承諾了一件不可能達成的事，而祂的戰略看起來也同樣荒謬無稽：「你要率領軍隊，每天繞著城走一週，連續六天。到第七天，你要率領軍隊繞城

1 參見〈民數記〉（戶籍紀）十三章三十三節。

七週。」[2]

軍隊裡的每個士兵都難免疑惑。為什麼不動用攻城槌？為什麼不攀越城牆？為什麼不切斷城內的水源或是用火苗箭射進城裡？相反地，神要以色列軍隊安靜地繞城行走。並且祂承諾，在他們七天之內繞了城牆十三次以後，城牆就會倒下。

在繞城第一圈的時候，士兵們必定感到有些愚蠢。然而，隨著他們每走一圈，他們的腳步就變得更加持久、有力。他們每畫出一個圈，他們就感受到靈魂深處升起一股越來越強烈的神聖信心。

到了第七天的時候，他們的信念已經滿溢而出。他們在天未亮的時候就起來作息，早上六點就開始繞城畫圈。他們用每小時三哩的速度行走，而繞行這座城市的路途是一．五哩，所以每一圈要花半個小時。九點鐘的時候，他們已經開始走最後一圈。他們遵守著神的規定，在六天內都沒有說半句話，只是靜靜地圈出這個承諾。然後，祭師吹著號角，伴隨著群眾的吶喊，六十萬以色列人發出堪比芮氏地震規模的神聖叫喊聲，終於，城牆坍塌了。

在進行了七天的耶利哥繞城之行以後，神實現了一個四百年的古老承諾。祂再次證明，祂的承諾並沒有「有效期限」。峨然矗立的耶利哥城倒塌了，這見證著一個簡單的真理：只要你堅持圈住承諾，神終究會實現它。

你要圈住的是什麼？

這個神蹟是一個縮影。

它不僅揭露出神展現這項神蹟的方式，也建立起一個供我們遵循的模式。它激勵我們要信心滿滿地畫圈，把神給我們的承諾圈起來。同時它也挑起了一個疑問：你的耶利哥是什麼？

對以色列人來說，耶利哥象徵著一個源於亞伯拉罕（亞巴郎）的夢想[3]終於實現。那是要求應許之地的第一步，那是他們企盼許久、等待了一生的神蹟。

那麼，**你要圈住的耶利哥是什麼？**

你在祈禱的是什麼？你要繞著走的是什麼樣的神蹟？你的生命圍繞著什麼樣的夢想在打轉？

畫出祈禱圈，要從**認定你的耶利哥**開始。你必須先找出神要你懷抱的承諾、神要你相信的奇蹟，以及神要你追求的夢想。然後你要持續地畫圈，直到神給你祂想給你的、祂要給你的，那就是我們的目標。現在問題來了：我們大部分人都得不到我們想要的，只因為我們不知道我們要的到底是什麼。我們從未圈過神的承諾，從未寫下我們生命目

2 參見〈約書亞記〉（若蘇厄書）六章三至四節。

3 編注：神應許亞伯拉罕，要將迦南一帶土地賜給他的後裔，因此稱迦南為「應許之地」。

標的清單。我們從來沒有為自己找到成功的意義，而我們的夢想，就像密布的烏雲一樣朦朧不清。

我們畫的不是圈，我們畫的是空白。

你想要的是什麼？

在耶利哥的神蹟發生後一千多年，在同樣的地點，發生了另外一件神蹟。當時，耶穌正要離開耶利哥城，有兩個瞎眼的男人像招計程車一樣喊住祂：「主啊，大衛之子，可憐我們吧！」耶穌的門徒只把這當成世俗之人的打擾，耶穌卻把它視為神的指示。於是停下腳步，用直接的問句回應他們：「你們要我為你們做什麼？」[4]

老實說，這個問題根本不需要問吧？他們想要的東西不是很明顯嗎？他們瞎眼、看不見。但是，耶穌強迫他們準確地說出他們要祂做什麼。耶穌要他們用言語說出他們的渴求。祂要他們一字一句地說出來，但並不是因為耶穌不知道他們要的是什麼，祂想要確定**他們知道自己想要的是什麼**。那就是我們開始畫祈禱圈時要做的事：知道你要圈住的是什麼。

假如耶穌問你這個同樣的問題：「你要我為你做什麼？」你能夠說出神放在你心裡的承諾、神蹟和夢想嗎？恐怕我們很多人根本說不出來。我們根本不知道我們要神為我們做什麼。當然最諷刺的是，如果我們不回答這個問題，我們的心靈就和那兩個瞎眼的男人一樣盲目。

儘管神是在我們這一邊的，一定會幫助我們，大部分人還是不知道我們到底要神為我們做什麼。那就是為什麼我們的祈禱不只對我們來說枯燥乏味，對神來說也毫無意義的原因。如果信仰是「確定我們所希望的」，那麼「不確定我們期望什麼」不就是信仰的相反？發展良好的信仰會帶來清楚明確的祈禱，而清楚明確的祈禱會帶來豐富喜樂的生活。

如果你讀完這本書時，還是無法回答這個問題，那麼你會錯過最重要的一點。就像那兩個耶利哥城外的盲人，你需要遇見神子耶穌，你需要回答他仍舊在詢問的這個問題：**你要我為你做什麼**？

很明顯地，這個問題的答案會隨著時間而改變。我們在不同的生命狀態，會需要不同的神蹟；我們在不同的生命階段，會追求不同的夢想；我們在不同的情況下，會要求不同的承諾。這個是浮動的目標，但你必須從某個地方開始。那麼，何不從此時此地開始？

不要只是閱讀聖經，要開始圈住承諾。

4 參見〈馬太福音〉（瑪竇福音）二十章三十一至三十二節。

不要只是許願，要寫下一連串能榮耀神的生活目標。
不要只是祈禱，要養成寫祈禱日記的習慣。

定義你的夢想。

要求你的承諾。

寫下你渴求的神蹟。

寫下你的願望

你要圈出來的「耶利哥」有許多不同的寫法。如果你有癌症，它可以寫成「治癒」。如果你的孩子遠離神，它可以寫成「救贖」。如果你的婚姻破裂，它可以寫成「復合」。如果你的視野超越你擁有的資源，它可以寫成「補給」。但是，不管那是什麼，你都必須把它寫出來。有時候，耶利哥可以不用文字寫出來，它可能是一組你被召喚前去的地區的郵遞區號，或是一個能幫你清償債務的美金頭像。有時候，耶利哥就是某個人的名字。對我來說，耶利哥有三種不同寫法：我的孩子派克（Parker）、薩孟（Summer）和裘夏（Josiah）。

我的朋友偉恩在他的妻子黛安懷孕時，他們夫妻兩人就開始為他們的寶寶祈禱。他們相信祈禱是身為父母的原始責任，那麼為何要等到寶寶出生呢？所以每個晚上偉恩都會將手放在黛安的胃上面禱告，為他們的寶寶圈住來自聖經的承諾。在懷孕前期，他們看到一本書說，從現在開始幫寶寶未來的伴侶禱告絕不會太早。剛開始，他們覺得在還不知道寶寶的性別之前就為他的伴侶禱告，是很奇怪的一件事，但即使如此，他們仍舊日復一日地為他們的寶寶以及寶寶未來的伴侶禱告，一直到寶寶出生。

偉恩和黛安決定要等到孩子出生才知道寶寶的性別，但是他們祈求神先指示寶寶的名字。一九八三年十月，神給了他們一個女孩的名字，叫做潔西卡。到了十二月，神又給他們一個男孩的名字提姆西，然後他們也開始為提姆西禱告。他們並不清楚為什麼神給了他們兩個不同的名字，但是他們分別在潔西卡和提姆西的周圍畫祈禱圈，直到黛安分娩。

一九八四年五月五日，神回應了他們的祈禱，那個答案就是提姆西。偉恩和黛安繼續用祈禱圈著他們的兒子，他們同時也持續為那個兒子有一天會娶的女孩祈禱。他們持續了二十二年又兩個星期的祈禱，終於在二〇〇六年五月十九日達到高峰——那是提姆西與他的新娘步上紅毯的日子。新娘的名字？潔西卡！

接下來的故事是這樣的。

他們未來的媳婦在一九八三年十月十九日出生，就是在神給他們潔西卡這個名字的那個月分。在千哩之外，偉恩和黛安用這個名字為她祈禱。他們以為潔西卡會是他們的女兒，而不是他們的媳婦，但是神在祂全能的袖口上總留有驚喜。對偉恩和黛安來說，他們的耶利哥有兩個寫法——提姆西和潔西卡——並且他們有著同樣的姓氏。

你可能會懷疑，提姆西是否被刻意安排跟名叫潔西卡的女孩交往？事實上，在提姆西訂婚之前，偉恩和黛安根本沒有跟提姆西提過，神在他出生之前就給了他們他未來伴侶的名字。

我有幸擔任提姆西和潔西卡的牧師。於是，因為提姆西和潔西卡是他們父母主要祈禱的受恩對象，我也連帶受恩。他們在全國社區教會擔任小組領導，表現非常優秀。這就如同每一個恩典，可以追溯到原本的那個祈禱圈。

神不會回應模糊的祈禱

幾年前，我讀到一個句子，讓我改變了自己祈禱的方式。一個在韓國首爾規模最大的教會的牧師寫道：「**神不會回應模糊的祈禱**。」當我讀到那句話，我立刻察覺到自己的祈禱有多麼地含糊不清，其中有些祈禱甚至模糊到我根本無法得知神到底有沒有回應這些祈禱。

就在這個心靈感召的季節，在神激勵我用更精確的字眼說出我的祈禱時，我開始了一個為期十天的五旬節（聖神降臨節）禁食。就如同在馬可樓（upper room）裡祈禱十天的一百二十名信徒一般，我受到感召禁食禱告十天，直到五旬節當天為止。我的想法很簡單：如果我們照著聖經裡的人們那樣做，我們或許也能體驗到他們所體驗過的。你不能製造出一個像聖靈降臨那樣的神蹟，但是如果你連續祈禱十天，一個像聖靈降臨那樣的神蹟，就有可能發生。

在那段為期十天的五旬節禁食期間，我在我們的教會裡講述關於神蹟的事，而我們正好就經歷了一項神蹟。我們奇蹟式地買下了一塊應許之地，而我們已經花了五年多的時間用祈禱圈住那塊地。我們拿了幾顆在那片地的地基上的石頭，發給每個人一顆石頭，當作實體的信物，代表著神為全國社區教會全體所展現的共同神蹟。基於這份共同的信念，我們激勵大家要根據個人的情況回答耶穌問耶利哥城外那兩個盲人的問題：「你要我為你做什麼？」然後在那些石頭上寫下我們神聖的祈求。5 我寫下了七個我渴求的神蹟，然後開始用祈禱圈住它們。

老實說，我請求的七個神蹟並沒有全部實現。事實上，其中一個甚至反過來給我打擊。我請求神賜給我們聯合車站的電影院，因為我們教會在十多年前就開始在那裡聚會。但是，神並沒有給我們那個電影院，祂反而奪走了它。那家電影院無預警地關門停

5 根據〈詩篇〉（聖詠集）三十七章四節，事實上，在我們真誠地追求神的榮耀時，神就在我們的心裡下載了新的渴求。那些渴求常常是在禱告和齋戒的情況下產生的。要分辨神聖的渴求和私人的欲望，需要很高的識別力。

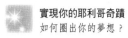

業，而我們只有不到一星期的時間搬遷。那時，這件事令我們很失望、很不知所措，但是我必須承認，這個明顯的「反神蹟」是促進更大、更美好神蹟的催化劑。看似錯誤的回應，轉變成了最美妙的答案。所以，並不是每一個祈禱都會以我們設定的方式得到回應，但是我堅信：**如果我在當初沒有畫出祈禱圈，那些神蹟就不會發生**。

你越有信仰，你的祈禱就會越精確，而你的祈禱越精確，神就會得到越多的榮耀。像何尼，他祈求的是特定形態的雨。精細的祈禱，可以讓神更能發揮出祂全能的多種面貌。反之，如果我們的祈禱不準確，神就不會得到祂應得的榮耀，因為我們之後會質疑祂是否真的回應了祈禱，我們也不會知道那些回應是針對特定祈禱的結果，還是本來就註定會發生的一般巧合。

那顆寫著七個神蹟的石頭，就放在我辦公室的書架上。有時候我會拿起它來，在我祈禱的時候，將它握在我手裡。這並沒有什麼奇幻的功效，但會讓我的祈禱有種保險的感覺。它保障著我不會忘記我祈禱的目標，也確保著神在這些神蹟發生時能得到榮耀。當你準確說出你的祈禱時，它終究會寫下神的榮耀。

成功的階梯

我們太容易忙著爬上成功的階梯，而沒有發現那道階梯並不是靠在耶利哥的城牆上。我們看不見神指示的目的地。我們「永恆的要務」被我們「暫時的義務」所蒙蔽，我們拿自己的美國夢換掉了神給我們的夢想。因此，我們最後選擇的不是直接繞著耶利哥城行走，而是在野外流浪了四十年。

幾年前，我難得有一段空閒的時間。在南加州度過一個很棒的春假之後，我在洛杉磯機場送走我的家人。我自己得留下來，在一個牧者會議中演說，但在這中間，我剛好有一天的空檔沒有地方去、沒有事情做，所以我在聖塔莫尼卡（Santa Monica）的第三慢步街（Third Street Promenade）路上找到一間星巴克，在那裡花了一天的時間圈住我的耶利哥。

那段空出來的時間跟加州的陽光一樣，讓我有了一番體悟。我啜飲著我的白巧克力摩卡，突然想到我從來沒有真正為自己的成功下個定義。我已經寫了幾本書，並且展開了巡迴演說，但是那些目標都沒有我想像中的令人滿足。我四處奔波，常常在通往下一個演說地點的機場安檢時，感覺到自己在高亢的興致之中混雜著深深的悲傷。我的生命讓我想到自己有時候會講的一個笑話，就是一個機長在機上廣播中說：「我有一個好消息，還有一個壞消息。壞消息是我們迷路了，好消息是我們正在讓這段旅程愉快一點。」那就是我的生命的樣子，但是這並不是個玩笑。

我從來沒有遇到一個不想成功的人，但是很少人真正為他們自己定下成功的定義。我們承接了來自家庭的定義，或是接收了來自文化的定義。但是如果你不自己定出來，你就沒辦法知道你是否能達成目標。你也許會在你達到某個目標時，才發現這個目標原本就不是屬於你的目標。你圈住了錯的城市，你爬上了錯的階梯。

寫下屬於你的成功定義

隨著逛街的人在路上來來往往，我在餐巾紙上潦草地寫下我個人的成功定義。那張餐巾紙也可以是神在西奈山上用手指寫下文字的石板。神重新定義成功，幫助我在那張餐巾紙上寫了下來。就像在字典裡描述一個字有不同層面的意義那樣，我記下了「成功」的三種不同的定義。

第一個定義看起來也許很普通，但是它在任何一個情況下都是很具體的：

1. 在你所處的環境中，以你所擁有的資源，盡你所能全力以赴。成功不是看情況的。我們常會把重點放在我們在做什麼事或是我們要去什麼地方，但是神最關心的是我們在這個過程中**成為什麼樣的人**。我們常說要「實行」神的旨意，但是比起「實行」神的旨意，更重要的是在本質上成為那樣的人。重點不是要在對的時候，處於對的地方，而是即使你身處於一個錯的環境中，你還是要當對的人。成功跟你有多天才或是多有辦法沒有關係，它跟你在任何情況中都能盡可能利用它來榮耀神，才最有關係。「成功」可寫成「服務事工」，而「服務事工」可寫成「成功」。

我寫下的第二個定義，掌握了我的本分。不管是我在寫作、講道或是教育時，這是我的生命動力：

2.協助人們將天賜的潛能發揮到極致。潛能是神給我們的恩賜，我們用它來做的事，就是對神的回報。協助人們極致發揮神賜給他們的潛能，是神讓我存在這星球上的原因。那是讓我早上早起、晚上晚睡的原因。再也沒有別的事能比看到人們在神賜給他們的天分中成長，更令我欣喜了。

第三個定義，揭露出我心裡最深處的渴望：

3.我的渴望是，最懂我的人，能夠最尊重我。成功不是用我牧道了多少人數，或是我賣了多少本書來衡量。成功是要用那樣真實的完整自我活著，因而那些最懂我的人，事實上也最尊重我。我一點都不在乎外在的名或利，我只想要在我自己的家中有名。那就是最大的財富。

如果你沒有一個你自己對成功的定義，你可能會在錯的事情上面成功。你會走到生命的盡頭，然後發現你寫下了錯的成功。而如果你寫錯了，你就會有所誤解。

你必須圈出神要你去追求的目標、神要你去要求的承諾、神要你去追尋的夢想。一旦你寫出了你的耶利哥，你就必須用祈禱去圈住它。然後，你必須持續不斷地畫圈，直到城牆倒下。

走出城牆

繞著耶利哥城行走，讓以色列人用三百六十度的視野，看到這個被城牆環抱的承諾。這幫助他們用靈魂包覆那用泥土和磚塊所砌成的神蹟，這給了那五十五呎高的夢想一個定義。那正是祈禱的作用：幫助你走出問題、幫助你圈出你需要的神蹟、幫助你看清四周的情況。

在你讀這本書的同時，一定要找到一個時間和地方，去圈出你的耶利哥。找到一個祈禱的處所，建立一本祈禱日記，然後起飛。跟神獨處，或是如果你較喜歡人際間互動的過程，而較不喜歡個人的過程，那麼就帶上一些朋友陪你一起祈禱。他們可以在你周圍形成一個祈禱圈。

可以的話，你可以去到一個能夠啟發你的地方。背景上的改變，有時候會轉化成視野上的轉變。規律生活中的改變通常會帶來啟示。用公式寫的話是這樣：**步調改變＋地方改變＝視野改變**。

我一直都有訂閱亞瑟．麥肯錫（Arthur McKinsey）的解題法。我把它當成是「祈禱的解題法」：

如果你把一個問題當成一個中古世紀有城牆的城市，那麼很多人都會使用攻城槌直接攻擊它。他們會撼動城門，試著用純粹知識的力量和智慧來粉碎層層防備。但我只會在城外露營。我等待，然後我思考。直到有一天——也許在我轉向一個截然不同的問題之後——城外的吊橋會放下來，然後守城者說：「我們投降。」問題的答案就都解開來了。[6]

以色列人並不是用精明的軍事戰略，也不是用蠻力攻克耶利哥城。他們學會如何讓神為他們打贏他們的戰役。畫出祈禱圈，比任何攻城槌都還要有力的多。它不僅是摧毀大門，還會讓五十呎的高牆倒塌。

當我回想自己生命中的神蹟時，我很驚訝地發現，有很多神蹟都發生在城牆外面。它們並不是在組織會議中產生，而是在祈禱聚會中產生。贏得那場勝利的並不是解題的方法，而是祈禱。我到了城牆外，繞著承諾的周圍行進，繞著我的問題，繞著這個情況。而當你那樣做時，不只護城吊橋會降下來，連城牆都會倒下。

6 引用自M. Mitchell Waldrop，*Complexity: The Emerging Science at the Edge of Order and Chaos* (New York: Simon & Schuster, 1992), 92.

第4章 不顧一切的祈禱

沒有得到你想要的，是因為你停止畫圈

在德雷莎（Teresa）修女之前，曾有一位戴伯妮（Dabney）女士。

一九二五年，伊莉莎白・戴伯妮（Elizabeth J. Dabney）和她的丈夫到友愛之城（City of Brotherly Love）履行傳道的使命，但是在那時，她的周遭並沒有很多愛。那是個令人不舒服的地方。她的丈夫受到感召去那裡傳道，她的任務則是祈禱，但她不只是祈禱而已，**她不顧一切地祈禱**。

一天下午，她想到他們北費利（North Philly）附近地區糟糕的情況，於是她請求神，如果她與祂立下盟約並為此祈禱，祂是否就能賜予此地的人們心靈上的勝利。神允諾了，而她聖靈滿溢地感覺到，神要她在隔天早上七點三十分到舒歐基河（Schuylkill River）跟祂見面。戴伯妮女士很緊張，深怕會錯失她的祈禱約定，因此她特地不睡覺，熬夜打毛線。

隔天早上，她出了城外，到了河邊，神說：「就是這裡。」神的存在籠罩了她，然

後她在沙地上畫出一個圈：

> 神啊，在這個祢指派我丈夫前去建立祢名號的地方，如果祢能眷顧他，如果祢打破枷鎖、摧毀分隔的中牆，如果祢能賜給他一個教會和信眾——這對祢的子民和所有基督徒都是一種恩澤，我會跟在祢身邊，日以繼夜地禱告三年。我會每天早上九點整跟祢見面，祢將不再需要等待我，我會在那裡迎接祢。我會整天留在那裡，我會為祢奉獻我所有的時間。
>
> 此外，如果祢聆聽我的祈求，介入這個邪惡的地區，保佑我的丈夫，我會持續兩年每星期禁食七十二小時。在禁食期間，我不會回家到我的床上睡覺，我會留在教會裡，如果我睏了，我會在鋪著報紙和地毯的地面上休息。[1]

她一做出祈禱的約定，就好像下了一場傾盆大雨一般，神的榮耀從天空降下來，就像何尼在沙地上畫圈的那一天浸溼了他的雨水。每天早上九點，戴伯妮女士誠心地迎接天父：「早安，耶穌。」她麻痺的雙膝跪破了皮，但是神會展開祂強壯的臂膀。她每個星期禁食七十二小時，但聖靈是她直接的糧食。

1 Mother Elizabeth J. Dabney, "Praying Through", www.charismamag.com/index.php/newsletters/spiritled-woman-emagazine/22087-forerunners-of-faith-praying-through（二〇一一年六月七日網路資料）。

很快地，傳道所已經容納不下那麼多人。她的丈夫請她為在附近另闢一個聚會場所而祈禱。她祈禱了，然後有一個已經營業二十五年的商店突然歇業，讓他們得以租借那棟建築。戴伯妮女士不會被拒絕。她是個畫圈的人，而畫圈的人都有一種神聖的堅毅精神。

戴伯妮女士跟神在一起時，比她跟人們在一起的時候更加自在。何尼也是一樣，有些人甚至會批評她祈禱的方式。好心的朋友拜託她休息一下，或是吃點東西，但是她堅持守在聖壇邊。她越是不顧一切地祈禱，神的神蹟就越是彰顯。

戴伯妮女士的祈禱傳奇如果不是被寫成頭條新聞，恐怕早就是個被遺忘的註腳。《五旬節福音雜誌》（*Pentecostal Evangel*）刊載了她的見證，標題是「不顧一切祈禱的意義」。那篇文章在世界各地激起了一股祈禱的熱潮。戴伯妮女士收到超過三百萬封信，全都來自想要知道如何不顧一切祈禱的人們。

反事實理論

畫圈的人是創造歷史的人。

在神的浩瀚故事裡，每個頭條新聞的背後都有個註腳，那個註腳就是祈禱。而如果你專注在那個註腳上，神自然就會為你寫出頭條新聞。你的祈禱可以改變永恆的故事情節。就像何尼的祈禱能拯救一整個世代的人一樣，你的祈禱也可以改變祂原本故事的走向。

我喜愛歷史，特別是一種稱為「反事實理論」（counterfactual theory）的歷史研究支派。反事實理論者會提出假設性（what if）的問題。例如：假設美國大革命失敗了，會怎麼樣？或是，假設希特勒在第二次世界大戰中戰勝了，會怎麼樣？歷史會怎麼發展？那個不同的事實會是怎麼樣？哪些會是關鍵的註腳，可能或可以改變歷史大綱的演進？

用一個反事實理論者的角度來看聖經故事，是個很有趣的練習。耶利哥神蹟就是個很棒的例子。假設以色列人在第六天的時候停止繞行耶利哥城，那會怎麼樣？答案很明顯，他們會在神蹟快發生前，就失去了這個機會。如果他們在繞了十二圈以後停止了，他們就會功虧一簣。就像他們之前的人民，他們會錯失那個承諾。我們的情況也是一樣。

我已經說明了我們首要的問題：我們大部分人沒有得到我們想要的，是因為我們不知道自己到底要什麼。我們的第二個問題是：**我們大多數人沒有得到我們想要的，是因為我們停止繼續畫圈。**

我們太輕易放棄。我們太快放棄。我們在奇蹟正要發生之前，就停止了祈禱。

祈禱vs.不顧一切的祈禱

令人絕望地，我們這世代的人需要重新發現「祈禱」和「不顧一切的祈禱」兩者之間的不同。一定有些情況是只要祈禱就可以讓事情完成。例如我贊成用餐前的禱告要簡短，因為坦白說，我贊成食物要趁熱享用。但是也有些情況，你必須緊守著聖壇的號角，在神回應之前，絕不放手。就像何尼一樣，你要在神有所動作之前，拒絕先離開那個圓圈。你要等神出手干涉了，才要妥協。

不顧一切的祈禱，靠的是堅毅不拔。就像繞著耶利哥城不斷行走，直到你頭昏眼花。也像耶穌說的那個關於一名固執寡婦的故事，她堅持不懈地不斷要求，終於讓法官受不了而屈服[2]。不顧一切的祈禱，是不會接受否定答案的。畫圈的人知道，停止祈禱總是太早，因為你絕不會知道城牆什麼時候會倒下。你永遠都是只差一個祈禱，就可以創造神蹟。

不顧一切的祈禱是有深度的。它注重的不是數量，而是品質。畫祈禱圈不只是需要文字而已，它還會引起極度的精神折磨和心碎的眼淚。不顧一切的祈禱不只是對神聒噪不休，它會感動你天父的心。

最近我去白宮參加了總統府復活節的早餐祈禱，同時與會的有來自全國各地的幾百名宗教領袖。在早餐之前，一位曾經跟馬丁路德金恩（Martin Luther King Jr.）在民權運動中一同事奉的七十六歲非裔美國牧師，說了個餐前禱告。我聽不太到他的聲音，但是他的信仰宏亮又清晰。他對神的祈禱是如此親密、讓人信服，就像是他的話深深沉浸了神的信實一般，在他說了阿門之後，我轉向我的牧師朋友們，安迪史坦利（Andy Stanley）和路易吉格里歐（Louis Giglio），我跟他們說：「我覺得自己好像從來沒有祈禱過一樣。」

我感覺他好像用一種我不知道的方式認識神，而這激勵我更親近神。我想，也許門徒們在請求耶穌教導他們祈禱的時候，心裡也是這種感覺。耶穌的祈禱在品質上是如此與眾不同，讓他們覺得自己之前好像從來沒有祈禱過一樣。

你上一次匍匐在全能之神的面前是什麼時候？你上一次在神的面前跪到雙腿發麻是什麼時候？你上一次沒日沒夜地祈禱是什麼時候？

在祈禱裡，一山還有一山高，一水還有一水深，而神要帶領你去一一見識。祂要帶你抵達你從來沒有去過的地方。那裡有新的語言，那裡有新的面向。如果你想要神在你的生活裡成就新的事物，你不能自己只做同樣的老舊事情。你需要做更多犧牲，但若你願意去到那裡，你會瞭解，你根本就沒有犧牲任何事物。你需要更多冒險，但若你願意去到那裡，你會發現，你根本完全沒有冒任何風險。

2 參見〈路加福音〉十八章一至八節。

犧牲。

冒險。

畫圈。

國會山的最後一塊地

在看似反神蹟的聯合車站電影院關閉之後，我們教會開始在國會山附近尋找土地，希望能建立一座都會校區，裡面包含咖啡廳、表演廳，以及讓我們眾多分部工作人員辦公的中央辦公室。在國會山，一公畝的價錢從美金一千四百萬起跳，而且建地面積相對稀少，我懷疑我們要找的東西根本一開始就不存在。

在費盡力氣尋找之後，只找到一塊地能滿足我們的特定要求，因此我們稱它為「國會山的最後一塊地」。在地緣上，它位於國會山、海軍院（Navy Yard）和河濱社區（Riverfront communities）交會處，絕對是個完美的地點。這塊地面對著二九五／三九五號快速道路，是穿過華盛頓特區市中心的主要幹道，這點讓這塊地擁有無比的能見度和便利性。

我第一次在第八街和維吉尼亞大道的交叉口踏上這塊地時，感覺好像站在應許之地上面。我花了幾個禮拜的時間，像那些繞行耶利哥城的士兵們，靜靜地繞著這塊都會區祈禱。

接下來，在我們正式提出購買意願之前，我們的執行領導團隊在最後一週跟我們的地產經紀人約在這塊地上碰面。我們充滿了興奮之情，夢想著這塊地將帶來的所有可能性，但是，這個夢想不到二十分鐘就受到致命的打擊，因為我們的地產經紀人打電話來告知，一個地產開發商剛剛簽下了這塊地的契約，**就在我們剛剛站在它上面的時候**。

我深深地感到失望，因為我早已預見我們在那塊地上面的新分區。我也深切地感到困惑，因為我感覺到那就是神要我們得勝的地方。但是我們要讚美神給我們失望，因為那會讓我們屈膝下跪來祈禱。沮喪就像是對夢想的電擊復甦。如果我們用對的方式來應對，沮喪其實是可以修復我們祈禱的節奏，重新復甦我們的夢想。

那天晚上，我們家人一起跪下禱告。我們的一個孩子說了一個簡單的祈禱：「神啊，我祈求這塊地能被用來榮耀祢。」在那一刻，我的信念找到了心跳。我的靈魂感受到，神將會把這塊地賜給我們。我相信它將會屬於我們，因為我知道，那是神的土地。於是我們用祈禱圈繞那塊地三個月。我繞著那塊地行進，就像以色列人繞著耶利哥城行走一樣。我在那塊地上面跪下來，把雙手放在這個舊玻璃公司的遺址，那間公司從一九六三年就在這塊地上面。我甚至脫去了鞋子，就像約書亞在耶利哥戰役之前脫掉鞋子一樣，因為我相信，這是神聖的土地。

沒有運氣，還有祈禱

在六十天可行性期限的最後幾天，拿到那塊地原始契約的地產開發商要求延長十天來籌措經費。那看起來像是我們的好機會，於是我們提出了無償的訂金，地主告訴我們，他會把契約讓渡給我們。我們以為神已經回應了我們的祈禱，但是我們還沒結束畫圈，因為二十四小時之後，地主改變心意了，我們又再次失去了這個契約。

最後，在這十天延長的期限屆滿之際，我很緊張地等待地產經紀人的電話。我希望第三次會是一個奇蹟，而不是三振出局。我收到訊息的時候，是在一個週五晚上，那時我跟家人正在電影院觀賞「功夫夢」（The Karate Kid）。我那時正欣賞著這部從「小子難纏」改編的電影，但是他的訊息破壞了我的興致。他又強調了這個壞消息：「我們缺乏運氣。」然後，一個聖靈充滿的想法忽然激發出我的結語：我們也許沒有了運氣，但是我們還有祈禱。

即使第三次丟了契約，我仍然相信神會排除萬難，給我們那塊允諾之地。有時候，信仰就像是對現實的否認，但那是因為我們抓到了比五官所能感知到的現實還要真的現實。我們沒有那塊地的實體契約，但是透過祈禱，我們得到了它靈性的合約。而這份靈性的合約，比書面的契約更加緊密。

在我們受到第三次打擊的幾天之後，我飛到祕魯去，跟我的兒子派克從印加古道（Inca Trail）健行到馬丘比丘（Machu Picchu）。我們在那裡有四天的時間無法與外界溝通。當我們抵達安第斯（Andes）山腳下的卡力恩德斯小鎮（Aguas Calientes）時，我在一個公用電話亭打電話給蘿拉。我知道當時旁邊的路人一定在想，為什麼一個高大的美國人要在一個小小的電話亭裡蹦蹦跳跳，但那是因為蘿拉跟我說的消息實在讓我感到無比激動：「我們得到合約了！」我真不敢置信，但我可以相信。我們不顧一切地祈禱，然後神顯現了祂的神蹟。

那樣的情況讓我不禁呵呵笑。就好像神在說，我們先把馬克弄走，好讓我們搞定這筆交易。當我回想起來，我想神是要我到國外去，跟外界斷絕聯絡，好讓我能毫無疑問地確認這件事的本質：一個耶利哥式的奇蹟。

不顧一切地讚美

現在，且讓我倒帶一下。讓我迴轉一下這個神蹟的經過，從頭追溯這個祈禱圈。

在可行性期間，當地產開發商還擁有這塊地的主要契約時，我重讀了耶利哥奇蹟的故事，而我注意到了我之前沒有看到的細節。一天，我在研讀的時候，有一句話從頁面上跳了出來，進入我的腦海裡：

耶利哥人緊閉城門，嚴加戒備，為要防止以色列人的侵入，沒有人能進出城門。上主對約書亞說：「我已經把耶利哥城，連同它的王和勇士們，都交在你手裏了。」[3]

你有注意到動詞的時態嗎？神用的是「過去式」，而不是「未來式」。祂不是說「我將會給你」，神說的是「我已經給你了」。這其中的涵義是：這場戰役在還沒開打之前，就已經得勝了。神已經給了他們這座城市。他們所要做的，只是繞著它祈禱而已。

當我讀到這個故事，我感覺聖靈在跟我說：「不必再為之祈禱，開始為之讚美吧！」真正的信仰不只是在奇蹟發生之後，頌讚這個既定的事實；真正的信仰是在奇蹟發生之前就開始頌讚，彷彿神蹟已經發生了一樣，因為你知道神必定會實現祂的承諾。

我的話聽起來也許有點失敬，但是有時候你必須停止祈禱。在你不顧一切地祈禱之後，你必須**不顧一切地讚美**。你必須停止要求神的作為，你要開始讚美祂已然成就的作為。祈禱和讚美都是信仰的表現方式，但是讚美是信仰更高一層的層次。祈禱是請求神做某件事，是未來式；讚美是相信神已經應允，是過去式。

在你定下「想要什麼就說」這樣的定論之前，讓我提醒你，神是不會受到賄賂或恐嚇的。神不會為了滿足我們自私的妄想而創造神蹟。神創造奇蹟只有一個原因，別無其他：要我們彰顯祂的榮耀。我們只是剛好因此受惠而已。

持續繞著你的耶利哥

在有了這個發現之後不久，我就跟我的教會分享這個「過去式」的道理。我們也真的停止了祈求神給我們那塊地。我們開始讚美神，因為我們感覺到祂已經允諾我們了。一個禮拜之後，我收到一封電子郵件，內容是一對夫婦得到同樣的啟示。多年來他們一直祈禱能夠懷孕，於是他們停止了向神祈禱，轉而開始讚美神，因為他們覺得神已經允諾給他們後代了。當神給你了承諾，你就要為此讚美祂。

那正是神帶領我們所做的：停止祈禱，開始讚美祂所要成就的。我們已經不孕五年了，但是神已經告訴我，有一天我會成為人母。在不孕的第三年，我開始讚美祂將賜給我後代，而不是向祂祈求一個小孩。今天，我們有了八個珍貴的孩子，是神透過懷孕和領養恩賜給我們的。我很肯定那是因為我開始讚美祂。對祂來說，這非常明確地表示我真的相信祂會恩賜孩子給我們——而祂真的做到了。

在生命中，有時候你必須停止祈求，開始讚美。如果神在你心中放了一個承諾，那

3 參見〈約書亞記〉（若蘇厄書）六章一至二節。

麼就讚美祂吧！你必須慶賀，就像是它已經成真了一樣。你必須停止祈求，因為神已經回應。記住，即使神並不是用你想要的方式來回應你，你仍然應該不停地讚美。在那個時候讚美神是最困難的，但那也是我們的讚美在神面前更顯純潔和甘美的時候。

就在神給了我這個啟發之後，我來到我們祈求的那塊地，屈膝跪下，然後開始讚美神在我心中放置了這個允諾。我們失去了那份契約三次，但是我們持續讚美祂。那筆交易失敗了三次，但是「死而復生」是基督信仰的中心宗旨，而且那不只是我們在復活節時所慶祝的事，而是我們每一天用每一種方式所頌讚的事。祈禱可以讓死去的夢想死而復生，也可以賦予它們新生命的力量——永恆的生命。

我不確定神在你的心裡種下了什麼樣的承諾。我不知道你在追求怎麼樣的夢想或是你在為什麼樣的奇蹟努力著。但是我給你這個忠告：持續繞著你的耶利哥。

不要只是不顧一切地祈禱，還要不停地讚美。

Part 1

畫第一個圈：大膽夢想

直到死去的那一天，畫圈人何尼仍然對聖經裡的一句話感到困惑——〈詩篇〉（聖詠集）一二六章一節：「上主帶我們返回錫安的時候，我們像作了一場夢。」那句「我們像作了一場夢」讓何尼一生都緊抓著一個疑問：「一個人有可能持續夢想七十年嗎？」[1]

神經影像顯示，隨著年齡的增長，我們思考概念的重心會從負責想像力的右腦，轉移到邏輯性的左腦。這個腦神經的轉移傾向，會形成一個嚴重的心靈危機。在某個時間點，我們大部分人會停止用想像力生活，轉而開始靠記憶而活。我們不再創造未來，而是開始重複過去的一切。我們不再依信仰而活，而是靠邏輯而活。我們不再追逐夢想，不再圍繞我們的耶利哥。

但是，我們也不一定非這麼做不可。

在一個大學裡大部分都還是男性的時代，朵兒夢想著自己有一天能進大學。金錢因素、然後有小孩，讓她一直無法如願，但是她的夢想沒有因此磨滅。半個世紀過後，朵兒在她六十七歲那年，從史丹福大學（Stanford University）取得學士學位。她的同齡朋友都在退休的時候，朵兒才剛剛開始她的職業生涯。她也夢想寫一本書。她的第一本小說《伊巴拉之石》（*Stones for Ibarra*），在她七十四歲的青春年華之際出版了。

你說，**一個人有可能持續夢想七十年嗎？**

朵兒說過：「年老的最大優點之一，就是可以看著想像力凌駕你的記憶。」[2]

所以，誰才是對的？神經學家？還是朵兒？答案是兩者都對。

當我們年紀增長，若不是想像力會取代記憶，就是記憶會超越想像力。想像力是比較少人會繼續發展的，但它是通往祈禱的道路。祈禱和想像力是直接成正比相關的：你越是祈禱，你的想像力就越豐富，因為聖靈會用神等級的夢想來放大它。有一種測試可以看出你信仰心靈的成熟度：看看你的夢想是越來越大，還是越來越小。你年紀越大，就應該要有更多的信仰，因為你已經經歷了更多神的回應。而神的回應足以提升我們的信仰，擴大我們的夢想。

偶爾走走記憶那條路也絕對不會有錯，但是神要你持續夢想，直到你死去的那一天。追求神放在你心裡的那個夢想，永遠都不嫌晚。記住，追求夢想也不嫌早，年齡絕不是一個有效的藉口。

「一個人有可能持續夢想七十年嗎？」有趣的是，何尼已經用他的一生回答了他自己的問題。他從來沒有停止夢想過，因為他從來沒有停止祈禱。而且他怎麼可能停止，尤其是在神回應了他不可思議的祈雨之後？一旦你經歷了那樣的神蹟，你就會相信，神將創造更大、更棒的奇蹟。

如果你持續向神祈求，你就會持續夢想，倒過來也一樣，如果你持續夢想，你就會持續祈禱。夢想是一種祈禱的形式，而祈禱是一種夢想的方式。你越是祈禱，你的夢

1 Henry Malter, *The Treatise Ta'anit of the Babylonian Talmud* (Philadelphia: Jewish Publication Society, 1978), 270.
2 Sally Arteseros, *American Voices: Best Short Fiction by Contemporary Authors* (New York: Hyperion, 1992), 123.

想就會越大。你的夢想越是偉大，你就越是需要祈禱。在畫著越來越大的祈禱圈的過程中，神的榮耀圈範圍也擴大了。

我們死亡的日期，並不是刻在我們墓碑上的日期。我們停止夢想的那一天，就是我們開始死亡的時候。當想像力在邏輯的祭台上被犧牲，我們就形同剝奪了神應得的榮耀。事實上，夢想的枯死，是一種微妙的偶像崇拜的形式。因為我們不再相信給我們偉大夢想的神，而安於我們自己可以達成、不需要神幫助的小夢想。我們追求不需要神的作為的夢想。能夠做到遠超越過我們右腦想像的神，被一個「小寫的神」所取代，因為我們受到邏輯限制的左腦，只放得下「小寫的神」。

我們最能榮耀神的，莫過於擁有一個遠遠超越我們能力所及的夢想。為什麼呢？因為這樣一來，我們不可能自己居功。一個偉大的夢想，也讓我們的精神生活有最好的發展，因為它讓我們能屈下雙膝，全然地倚靠神。在我們夢想的周圍畫祈禱圈，不只是我們為神完成美好事情的機制，它是神在我們裡面完成偉大作為的機制。

如果你問我：「一個人可能持續夢想七十年的時間嗎？」

只要你持續畫祈禱圈，那麼答案就是肯定的。

願你持續夢想，直到你死去的那一天。願想像力凌駕記憶之上。願你在成熟的年邁階段走到生命終點時，仍然保持著青春洋溢的心靈。

第5章
一億五百萬隻鶺鴒的奇蹟
不願冒險，等於放棄奇蹟

在第一滴雨水降下來之前，何尼一定感覺到自己有點愚蠢。站在一個圓圈裡祈雨，是一個冒險的舉動。發誓在雨水降下之前絕不離開那個圓圈，更是冒險。何尼畫的不是半圓，他畫的是完滿的圓形。他完全沒有出口，沒有終止期限。何尼將自己退到了一個圓圈裡面，而他唯一的出路就是神蹟出現。

畫祈禱圈通常是種愚蠢的動作，但那就是信仰。信仰是願意讓自己看起來很愚蠢。挪亞（諾厄）在浩瀚沙漠中建造一艘船時，看起來非常愚蠢。以色列軍隊吹著號角在耶利哥城周圍繞城行走時，看起來也很蠢。名叫大衛（達味）的牧羊男孩在用彈弓攻擊巨人的時候，看起來很蠢。東方三博士在追蹤星辰到廷巴克圖（Timbuktu）的時候，看起來很蠢。彼得（伯多祿）在加利利海的茫茫大海中央下船，看起來很蠢。耶穌戴著荊棘的皇冠，看起來很蠢。但是最後的結果，都在在驗證了奇妙的神蹟。挪亞在洪水中受到拯救；耶利哥城牆倒下了；大衛打倒了巨人；三博士發現了救世主；彼得在水面上行走；而耶穌受封萬王之王。

「愚蠢」是摩西（梅瑟）很熟悉的感受。他來到法老王面前，要求法老王讓神的子民離開時，一定感覺這樣很愚蠢。他號召著所有人走過紅海的時候，一定也覺得很愚蠢。他在荒郊野外保證讓以色列百姓有肉可食的時候，一定覺得最是愚蠢。但是他願意讓自己看起來很愚蠢，才有這些歷史奇蹟的結果——以色列人出埃及、分開紅海，以及天賜鵪鶉的奇蹟。

畫祈禱圈通常感覺都很愚蠢。而且你畫的圈越大，你就會感覺越愚蠢。但是如果你不願意跨出那艘船，你就永遠不會走在水面上。如果你不願意繞行那座城，那城牆就永遠不會倒下。而如果你不願意追隨星辰，你就會錯失你生命中最美妙的旅程。

想要體驗神蹟，你就得冒險。而最困難的風險之一，就是賠上你的名譽。何尼已經有一個祈雨人的名聲，但是他願意為了再一次的祈雨，冒著賠上他的名聲的風險。何尼冒了這個險——之後就名垂青史。

歷史上最輝煌的篇章，都開始於一個風險，這句話同樣也適用於你生命裡的篇章。如果你不願意冒著自己名聲的風險，你就永遠不會像挪亞那樣造舟，或是像彼得那樣跨出船。如果你不願意冒險賠上你的名聲，那麼你也不能建立神的名聲。總會有那麼些時候，你會需要感召，你會需要行動。畫圈人就是願意冒險的人。

摩西學到了這一點：如果你不願冒險，就等於放棄了奇蹟。

食物奇蹟

我喜歡奇蹟，我也喜歡食物，所以我真的很喜歡「食物奇蹟」。聖經裡有很多食物奇蹟，其中神在荒涼的曠野提供鵪鶉肉給眾人，可說是最奇妙的事蹟。當以色列人出埃及時，天氣預報想必**沒有**預測到會有個鵪鶉風暴吧。

當他們還在曠野中的時候，以色列百姓開始抱怨：「喔，來點肉食吧！」他們大聲呼喊著：「我們記得以前在埃及可以吃到免費的魚，而且我們能盡情地吃到黃瓜、甜瓜、韭菜、洋蔥和蒜。但是現在我們已經沒有胃口了。我們所能看見、能吃到的就是這個嗎哪（manna）！」[1]

以色列百姓在抱怨了。我知道，這很驚人！他們不想吃嗎哪，他們想吃點肉。身為一個肉食主義者，我能理解。如果你從來沒到一家吃到飽牛排屋去用過餐，那你會遺憾終生。不過，回來談談選擇性的記憶吧！以色列人飢渴地回憶著他們在埃及食用的免費魚肉，卻忘記了一個小小的事實：那些魚肉之所以免費，是因為他們自己本身根本是不自由的。以色列人不只是奴隸，他們是受到大屠殺的受害者。但是此時，他們卻想念菜單上的肉食！況且，以色列人居然一邊抱怨一個神蹟（嗎哪），同時卻要求另一個神

1 編注：這個故事來自〈民數記〉（戶籍紀）十一章，嗎哪是神在曠野供應給以色列人的一種神奇食物，原來的形狀是如白霜般的薄片，降在以色列營地四周。

蹟，這不是有點諷刺嗎？他們發牢騷的能力實在是太驚人了。然而，我們雖然嘲笑以色列人對那些每天奇蹟式送到家門口的嗎哪大餐感到不滿，但我們何嘗不是跟他們一樣呢？

我們周圍總是有很多奇蹟，但是在那些奇蹟當中，我們總是可以很輕易地找到事情來抱怨。想想看，閱讀這個小小的動作，必須靠幾十億個突觸（神經原的接點）發射幾百萬個神經脈衝才能完成。當你在閱讀時，你的心臟正透過十萬哩長的血管、動脈、毛細管，輸送五夸脫的血液。更奇妙的是，即使你現在維持著專注不動的狀態，但其實你所處的星球正在太空中以每小時六萬七千哩的速度飛行，同時用每小時一千哩的速度繞著它的軸心旋轉。這些不都是隨時隨地發生的奇蹟嗎？即使如此，我們還是把嗎哪奇蹟和那些每日每夜發生的奇蹟，都視為理所當然。

跨出看似說不通的那一步

儘管以色列百姓不停地抱怨，神還是耐心地用聖經裡最高深的一個承諾，來回應他們對食物發的牢騷。祂不只是承諾一份肉餐，更承諾了一個月的肉食。對於這個承諾，摩西根本不敢置信。完全不敢相信。

摩西心想：「我現在站在這六十萬人當中，而祢說：『我會給他們一整個月的肉食吃！』就算是為他們宰了所有飛禽走獸，他們吃得飽嗎？就算是為他們捕來海裡所有的魚，也不夠他們吃飽啊！」[2]

摩西在心中盤算著，怎麼樣都算不通，而且還差得遠！他試著想出神能實現祂諾言的任何可行的方法，卻怎麼也想不出來。他連神該怎麼實現一天肉食的諾言都不知道，更何況是一個月。

你曾遭遇過那樣的狀況嗎？

你知道神要你接受一個薪水較低的工作，但是那說不過去。你知道神要你接下一趟傳道之旅，但是那說不通。你知道神要你結婚成家、上研究所，或是領養小孩，但是那說不通。

幾年前，亞當．泰勒（Adam Taylor）參加了我們一年一度的傳道之旅，到衣索匹亞去。他待在那裡的時候受到神的感召，知道神要他在那裡奉獻不只一個禮拜的時間。神要他全力以赴。讓他下決定的那一刻，就是一個名叫利利的十五歲男孩從一個排污水的下水道的鐵蓋下跳出來的瞬間。利利光著雙腳，亞當馬上把自己的鞋子給他。利利帶亞當去參觀下水道，在那裡，他看到一整個孤兒社群在地面下生活。在那時候，亞當知道衣索匹亞就是他的耶利哥城。

2 參見〈民數記〉（戶籍紀）十一章二十一至二十二節。

放棄六位數薪水的這個想法，在道理上並說不通，但是亞當不在乎。他搬到衣索匹亞的阿第斯阿巴巴（Addis Ababa）居住，堅信神會眷顧他，然後他開始創辦一個叫做「改變男孩」（Change Boys）的機構，專門拯救流落街頭的小孩，給他們家居住。事實是，二十二個小孩跟亞當住在一棟房子裡，那是神奇蹟式地為他們準備的。亞當簽下了房子的租約，還不清楚神要怎麼幫助他。那時我們發送了我們年度的聖誕目錄，裡面有為各種傳道計畫的募款內容。亞當不知道的是，「改變男孩」也是其中的計畫之一。亞當在信仰上的家人——全國社區教會——補助了他們一整年的房屋租金。當亞當聽到這個消息時，他哭了。然後我們都一起感動流淚。

亞當的故事在教會裡激勵了其他人跨步出去。事實上，他的名字已經變成了一個動詞。「拉來一個亞當．泰勒」變成了「跨出看似說不通的那一步」的同義詞。

不可能的承諾

一個月的肉食看似一個不可能的承諾，而摩西已經必須決定他是否要畫圈了。他的邏輯告訴他不要，他的信仰則小聲對他說一定要。摩西必須在兩者之間擇一。

這個兩難的困境，讓我想到另外一個奇蹟，發生在一千五百年之後的猶太人的荒野。一個五千人的群眾在聆聽耶穌說話，耶穌不想讓他們餓著肚子離開，但是那裡沒有任何提供飲食的地方。然後，一個無名的男孩拿出了裝著五個大麥餅和兩條魚的咖啡色午餐袋給耶穌。那是個善意的舉動，但是安得烈（安德肋）說出了其他所有門徒大概都在想的事：「哪裏夠分給這許多人呢？」[3]跟摩西一樣，安德烈開始心算，但怎麼算都還是說不通。

以加法來說，$5+2=7$。但如果你在等式中加上了「神」，那麼$5+2\neq7$。當你把你擁有的獻給神，祂會讓它加倍，於是$5+2=5000$。神不僅會複製出食物，讓它能夠餵飽五千人，事實上，門徒們最後吃剩的，比他們剛開始要享用的東西多更多。這只有在神的經濟學裡面才會發生！剩餘的十二籃食物，顯示出更準確的等式應該是：$5+2=5000\times12$。

如果你把你手中僅有的東西交給神，它們不會只是簡單地加總起來，神會讓它加倍繁衍。

一個你要注意的註腳。

你記得耶穌在奇蹟之前做了什麼嗎？據說耶穌是「給了感謝」。祂沒有等到**奇蹟發生之後**，祂感謝神施展奇蹟是在**奇蹟發生之前**。耶穌實踐了耶利哥的原則：在奇蹟發生之前讚美神，就好像奇蹟已經發生了一樣。因為祂知道，祂的天父會守住祂的承諾。耶

3 參見〈約翰福音〉（若望福音）六章九節。

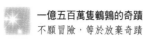

穌不僅是不顧一切地祈禱，更是不顧一切地讚美。

瘋狂的時刻

你只差一個重要的決定，就可以擁有一個截然不同的人生。一個重要的決定可以改變你的道路，把你放到一個通往應許之地的嶄新路途。一個重要的決定可以完全改變你的生命預測。也正是這些重要的決定，會成為我們生命中決定性的時刻。

「鵪鶉奇蹟」是摩西生命中決定性的時刻之一。他得做出一個重要的決定：圈或是不圈。

當神的旨意看起來好像說不通的時候，你會怎麼辦？當一個夢想無法裝進你被邏輯限制的左腦裡的時候，你會怎麼辦？當一個承諾看似不可能的時候，你要怎麼辦？當信仰看起來很愚蠢的時候，你要怎麼辦？

於是，摩西出去告訴人們神所說的話。[4]他冒著賠上自己名聲的風險，圈下了這個承諾。他將他所有的信用推到桌子中央，告訴以色列人，神將會給他們肉食享用。這應該是他做過最艱難的決定之一，也是他講過最可怕的佈道之一，他有過最瘋狂的想法之一。這根本不合常理，但是神的旨意從來就不能用人類的計算方法來加總。摩西用他俗世的想法，根本不知道神要如何信守祂的諾言，但是無論如何，那不關我們的事，那是神的事。我們太常讓「**如何**」限制住神要我們做的「**什麼**」。我們不能理解要如何做出神希望我們去做的事，於是我們根本什麼都不做。

這種時刻，我管它叫「這太瘋狂了」時刻。如果我們有摩西想法的翻寫本，我想上面會寫著：**這太瘋狂了，這太瘋狂了，這太瘋狂了**。

去年夏天，當我在祕魯旅行時，我有過一次那樣的「這太瘋狂了」時刻。從印加古道健行到馬丘比丘之後，派克和我有個機會實現我們的生命目標之一，就是在聖古（Sacred Valley）跳傘。在你的雙腳還很紮實地踩在地上的時候，跳傘聽起來是很美妙的一種體驗，但是當你越靠近懸崖，你就越猶豫你到底應不應該跳下去。我有一點懼高，在只有我一半身高的祕魯同伴用破英文解說了六十秒之後，我的恐懼還是沒有減輕。他的建議？「盡你所能向懸崖急速跑過去。」就這樣。

在我快跑到那個一萬呎高的墜落地點時，我腦子裡有個想法不停重複，像是個跳針的錄音帶：這太瘋狂了，這太瘋狂了，這太瘋狂了！但是很快地，它緊接著變成：**這太棒了，這太棒了，這太棒了！**

我們跳下懸崖，然後降落傘彈開、飄升。接下來，我記得的就是我們在聖谷上方一萬四千呎的高空翱翔著。儘管我在二十分鐘內失去了我的午餐七次，但是跳傘仍然是我

4 參見〈民數記〉（戶籍紀）十一章二十四節。

生命中最愉快的體驗之一。我學到了，如果你不願意把你自己放在「這太瘋狂了」的情況之中，你就永遠不會體驗到「這太棒了」的時刻。如果你不願意跳下懸崖，你就永遠不會飛翔。我也學到，跳傘對你的祈禱生活是很美妙的。在你跳下懸崖的那一刻，你不可能不祈禱。當我們在信仰中躍出飛翔的那一步時，也是一樣。

量器法則

雖然聖經裡沒有載明，但是我向你保證，那時摩西一定有祈禱。那不就是我們在自己無法搞懂事情的時候，自然會做的事嗎？當我們處在一個超越我們控制、超越我們理解範圍的情況中時，我們就會向神祈禱。摩西大概感覺到，他正在跳下懸崖，但那就是神的飛行傘承諾打開的方式。圈住神的承諾看起來常常像一場冒險，但是那不會比**不圈住神的承諾**來得冒險。最大的危險是沒有圈起神的承諾，因為這樣我們會喪失了神想要施展的神蹟。

全國社區教會史上決定性的時刻之一，是我們決定要開始奉獻傳道的那一天。那時候，我們根本還不是個自給自足的教會，但是我感覺到神在督促我們開始奉獻。老實說，那個感召引發了一些爭議。你是否曾經感受過，神召喚你去做某件事，但在你很快地計算一番之後，你懷疑那會不會是全能的神失算了？我試著跟神說理：「我們如何能拿出我們沒有的東西來奉獻？」但是我跟神爭吵之後，學到了這點：如果你贏得了這場爭吵，那麼你事實上已經輸了，而如果你輸了這場爭吵，那麼事實上你是贏家。

我輸了這場爭論，而神贏了。我們寫了一張五十元美金的支票來支持傳道活動，而接下來所發生的，完全不合常理。隔月，我們每月的奉獻金翻了三倍，從二千美元跳到六千美元，而且在那之後再也沒有減少過。我唯一的解讀是，〈路加福音〉說得很對：「施與別人，上帝就會施與你們，並且用大升斗，連搖帶按，盡你們所能攜帶的，滿滿地倒給你們。你們用甚麼量器來量，上帝也要用同樣的量器來量還給你們。」[5]當我們在簽支票時，圈了這個承諾，神就會給我們加倍的恩典。

我相信「量器法則」。如果你給得多，神就會恩賜得多。當然，那並不表示你可以像操作投幣機器那樣玩弄神，但如果你是因為正面的原因奉獻，我就相信：你給的絕不會比神給的還多，那是不可能的，因為神已經承諾，在永恆的範疇裡，祂永遠會比你所給的還要回報更多。

今年，我們將推動一個超過一百萬美元的傳道預算，即使如此，當初那張五十美元的支票，仍舊是我們送給傳道活動最困難也是最大的禮物。整件事很不可思議，但是神讓它翻倍了，而祂也會這樣對你。如果你回應祂的督促，「這太瘋狂了」將會轉變為

5 參見〈路加福音〉六章三十八節。

「這太棒了」。當你活在服從裡，你就會讓你自己獲得神的恩典。而你不會知道，神會如何、何時、何處出現。祂也許只會送來一陣西風，時速十五哩，有百分之百的降鵪鶉機率！

鵪鶉末日風暴

現在神吹來一陣風，將海上的鵪鶉都驅趕過來。[6]在以色列人紮營的四周，鵪鶉們散佈到二腕尺（cubit，由肘到中指尖的長度）之深，面積範圍擴及方圓一天腳程的距離。那一天，從白天到夜晚，再到隔天，百姓們都出去收集鵪鶉。每個人都收集到了超過十荷馬（homer，希伯來量詞）的鵪鶉。

以色列人所駐紮的帕朗（Paran）沙漠，是位於距地中海大約五十哩、距死海西南方五十哩的內陸地區。這故事的重點在於：鵪鶉習慣依水而居，而且牠們不擅於長途飛行。如果不是因為一陣超自然的西風，牠們不可能飛到那麼遠的內陸來。所以，這是一種氣候上的奇蹟，而且還不只是一陣奇蹟式的西風，是一陣風雲變色，天空居然下起了鵪鶉雨！

當鵪鶉飛累了，牠們會俯衝撞擊。我們說的不是角度抓得很完美的鴨子，可以在滑水道上做出優美的降落動作；那些鵪鶉是像大冰雹一樣，直直地從天空落下來。在下鵪鶉雨的**那一天**，想必有很多人都被鵪鶉打到頭部瘀青了吧。他們那天應該會用到很多止痛消腫藥。聖經中也提到，有些鵪鶉飛進帳篷裡，堆到地面上足有三呎高，所以應該有些人的下半身也難逃瘀青之苦。

用希伯來的測量單位，「一天的腳程」是大約方圓五十哩的距離。因此，如果將半徑平方然後乘以 π，我們就會得到一個大約七百平方哩的面積。用實際面來看，華盛頓特區的面積是六十八．三平方哩，也就是說，這場鵪鶉雨不但有我們國家首都十倍大的平面面積，高度還堆積到三呎那麼深。

你可以想像有那麼多的鳥飛進帳篷裡的情況嗎？那就好像是一場飛鳥大風暴。一場鵪鶉末日風暴。多到黑壓壓一片、烏雲密布般的鳥，讓天空頓時像是日蝕出現一般。那天在當場看到這景象的人，在往後的夜裡，在他們閉上眼睛以後，可能會數著鵪鶉入睡。

當鵪鶉停止落下，以色列百姓就開始撿拾鵪鶉。每個以色列人都撿到十荷馬以上的鵪鶉。十荷馬乘以六十萬人，等於至少有六百萬荷馬的鵪鶉。一荷馬相當於大約兩百公升，假設鵪鶉都是中型大小，那麼天空降下了大概有一億五百萬隻的鵪鶉。你沒看錯：**一億五百萬隻鵪鶉**。神不僅以戲劇性的方式準備，更用戲劇性的份量給予。

我喜歡這個奇蹟的原因之一，是因為它是個雙關的奇蹟。這個奇蹟是記載在〈民

6 參見〈民數記〉（戶籍紀）十一章三十一至三十二節。

數記〉（戶籍紀）裡，民數（Numbers）這個字的希臘文是arithmoi，由這個字衍生出arithmetic（算術）這個字。這個奇蹟記載在衍生出「算術」之意的章節裡，一開始就是個不可思議的奇蹟。

也許你會認為，你是不是應該不要再管那些數字了，來算算幾何？你的工作不是要糾結在數字裡，確認神的旨意是否合理。畢竟，神的旨意並不是個得失平衡的遊戲。一旦神介入了這個算式，祂的得數永遠會超越你的輸入數字。你唯一要做的，是在沙地上畫圈。如果你做了這個幾何圖形，神就會在你的生命中施展加倍的奇蹟。

加乘的回報

最近我在幫小兒子裘夏背九九乘法表。我們拿出速記卡，測驗他五的乘法表。等他把五的乘法表背完，我們開始背六的。六的乘法表背完，我們換背七的。在乘法的世界裡，就是這樣算的，你慢慢學著乘上越來越大的數字。在心靈上，我們也應該這樣循序漸進，但是很多人根本都只停留在加法跟減法的階段，還沒畢業。

耶穌教導了我們乘法。祂承諾，只要我們倚靠自己工作，倚靠向神祈禱，祂就會加倍我們的恩典。祂用了一百、六十和三十來當乘數。

有些種子落在好土壤裏，長大結實，收成有一百倍的，有六十倍的，也有三十倍的。7

好幾年前，蘿拉和我畫出了隱藏在這個播種故事裡面的承諾，我們做出了生命中最大的信仰承諾。這個信仰承諾是一個用來宣教的金額，遠遠超越什一奉獻8。重要的不是金額，重要的是信仰。老實說，我們不知道要怎麼才能拿出來我們所編列的金額，但是神很確切地指示了，讓我們知道我們必須拿出這個數字。我們知道這會需要一點超自然的幫忙，但是我們堅信神會回應我們的請求，因為我們的承諾會榮耀祂。

在我們許下諾言的那一天，二〇〇五年七月三十一日，我把我的信念寫在部落格上：「我有個神聖的期盼，我不知道應該怎麼用言語說出來。我等不及看到神會如何幫助我們，成就我們所承諾的。」兩個月過後，二〇〇五年十月四日，我拿到了第一本書的合約。那份四本書的合約，預付版稅是我們承諾金額的三十倍。巧合嗎？我不這麼認為。這就好像那些平白無故冒出來的鶴鶉！我很興奮拿到出版合約，但是讓我更興奮的是，我們可以為神的王國寫下有史以來最大金額的支票。我相信，那份合約是我們圈下了這個承諾的直接成果。

7 參見〈馬太福音〉（瑪竇福音）十三章八節。
8 編注：教友將收入（薪資所得）的十分之一捐贈給教會，以維持教會必要的開銷。

二〇一〇年十二月，我跟我的新出版社簽下另一份合約，蘿拉跟我覺得被感召，捐出一大部分版稅給全國社區教會。直到隔年的報稅期，我才突然領悟到，這份禮物恰恰就是我們五年前原本許下金額的三十倍數字。巧合嗎？我不這麼認為。

我不知道你的經濟狀況如何，但我知道的是，如果你給的已超過你的能力所及，神會超越你能力所及地給你恩典。神要給你三十、六十、一百倍的恩典。如果你願意減少你花用在自己身上的9，並將之用來增加你對神之國度的奉獻，神會加倍地回報。如果你相信這點，你會圈起神的承諾，然後獲得回報。如果你不相信，你就得不到這份回報。

如果你還活在加法和減法的世界裡，那你連什一奉獻都很難給出來，因為那就好像你的收入被扣掉了十分之一。但是，一旦你升級到乘法的世界，你會了解到神用這百分之九十所能做的，比你用百分之百所能做的還多。為什麼？因為當你把神加到你的經費算式裡，它會改變算式的結果。如果你慷慨無私地奉獻，有一天，你可能願意奉獻出比你現在所賺的更多的錢。如果你相信這點，那份承諾就值得你畫圈。

加倍的洗禮

神不會因為你誇大的夢想而生氣，祂反而會因為你的夢想不夠大而受冒犯。你的夢想剛開始可能是小的，而神會榮耀這些謙遜的夢想，隨著你在信仰中成長，你的夢想也會成長到大膽夢想三十倍、六十倍、一百倍大的夢想。而當你畫出神那樣巨大的圈時，全能的神才有空間發揮祂的奇妙恩典。

二〇〇六年秋季，我在馬里蘭（Maryland）巴爾第摩（Baltimore）的一個男性會議中發表演說。那是在我發表第一本書《追逐獅子的人》（*In a Pit with a Lion on a Snowy Day*）的一個禮拜之前。我在大約一千兩百名男性會眾面前講了早晨佈道，然後我坐下來，聆聽一位名叫巴馬太（Tommy Barnett）的畫圈人的見證。巴馬太分享了十多年前他如何和他的兒子馬修在洛杉磯創立「夢想中心」（Dream Center）的故事。他們圈住了那棟十五層樓高的天使之后醫院（Queen of Angels Hospital），而神用六萬美元的價格賜給了他們。這樣的情況，只有在神的經濟學裡才有可能發生！

在分享了神奇蹟式的恩典之後，巴馬太邀請了想要受到加倍洗禮的人走到講壇上去。我那時還不確定聖經裡面有沒有加倍洗禮的存在，但是既然巴馬太邀請了，我就接受。走到講台上，總是令人感覺有些尷尬，但是我真的很渴望神為我的第一本書施展恩典。我很清楚也很難過地知道，百分之九十五的書籍都不會賣超過五千本，但是我為這本書畫了祈禱圈，請求神在上面加倍地施恩。

9 我以身為「破爛車會」的一員為榮。我開的是Honda Accord，里程數已達二十三萬哩路。到以下網站看看www.junkycarclub.com，這是特意要少花點錢在車子上面，好讓更多錢能奉獻給神的國度之用。

我用盡最大的力氣，集結最大的信心，請求神幫忙，讓這本書賣出二萬五千本。當然，最後我不免加上「如果那是祢的旨意」這句收尾語，那讓我的請求聽起來可能很制式，但是與其說那是對神旨意的服從，不如說那是存疑的表示。如果你不在乎，如果事情並沒有照你的期望發展，神的旨意就會變成一種藉口。事實上，我自己默想的數字是十萬本。在我的內心深處，那是我偉大的夢想，但我就是沒有足夠的信心把這個數字說出來。說出二萬五千這個數字就已經讓我覺得夠愚蠢了。

依照神的典型方式，祂會超越我最高的期望。祂總是有辦法讓我們最狂妄的夢想看起來溫順，讓最偉大的夢想看起來渺小。我相信神給予《追逐獅子的人》的恩典可以回溯到我在上面畫的祈禱圈。我不只是寫書，我用祈禱圈住它們。對我來說，寫作是用鍵盤祈禱。同時我也召集了一個畫圈團隊，他們在我寫這本書的時候都為我祈禱。我們也為買這本書的人們畫祈禱圈。我們特別祈禱，祈求神在對的時機，把這麼書送到對的人手上。某種層次上，我很驚訝地看到了神如何用這本書的內容拯救婚姻、促進決策和產生見解。在另一個層次上，我一點也不感到驚訝。當人們告訴我，神在完美的時機把這本書帶到他們的生命中，這一點都不是巧合。這是天意。對我來說，賣出的一本書不只是賣出去而已，它是一個得到回應的祈禱。

在那之前的十三年來，我一直是個挫折的作家。我一直夢想著能寫一本書，但我總是無法完成一份手稿。轉折點在於，我為這個夢想畫了一個祈禱圈，接下來四十天持續地祈禱和禁食，我戒除了所有形式的娛樂，好專注於我的目標上。然後我帶著像何尼那般的決心，踏進了寫作的圈圈裡面，堅持不走出來，直到我寫出一份完整手稿。四十天後，那個夢想成真了。我不是用手寫成那本書，我是用祈禱完成它。

身為作者，我學習到用祈禱圈住我的書。身為牧師，我學習到用祈禱圈住我們的教會。身為父母，我學習到用祈禱圈住我們的孩子。不管你做什麼事，你必須用祈禱圈住它。如果你是老師，用祈禱圈住你的班級，將雙手放在書桌上，請求神的恩典賜給那些坐在教室裡的學生。如果你是醫生，用祈禱圈住你的病人，請神賜給你X光透析的見解。如果你是從政人員，用祈禱圈住你服務的選民和你擬出的法規。如果你是創業人士，用祈禱圈住你的商品。

如果你畫出那個圖形，在你的耶利哥周圍畫出你的祈禱圈，神自然會加倍你的恩典。你的祈禱圈越大，神能乘出的結果就越大。如果你要求承諾，誰知道呢，也許神會送出一億五百萬隻鶴鶉到你的帳篷裡！

第6章 不只要腦力激盪，還要禱力激盪

神的回應永遠讓你驚喜！

我差點拒絕了一項奇蹟。

一對剛加入全國社區教會的夫婦要求跟我見面，而我差點拒絕了那個請求，因為他們說要跟我談談教會管理。我非常喜愛談論傳道和教會的理念，教會管理？那就沒那麼喜歡了！況且，我那時有緊迫的截稿壓力，我的行程也沒有太多空檔，因此我差點拒絕了，而且如果我真的拒絕了，我就會錯過一次神蹟。

我們坐在我位於以便以謝咖啡屋（Ebenezer）上方的辦公室裡，他們用關於法規、經費支票、收支平衡、決策擬定等相關的問題轟炸我。雖然那時候我覺得有點受到攻擊，但現在我了解他們只是在實行他們理應確認的功課，就像投資人在買股票之前，會先研究那家公司的營運一樣，他們只是想要確認自己的投資會有好的回報。在花了將近九十分鐘回答他們的問題之後，他們最後問我，我們教會的願景是什麼。在講完了政策跟協定這些很壓抑情緒的話題之後，我就開始滔滔不絕地回答。我分享了我們想在第八

區（Ward 8）建立「夢想中心」（Dream Center）的計畫，第八區是我們城市裡最貧窮的區域，也是把我們的國家首都變成殺人首都的地方。我講到我們想把在國會山的咖啡屋變成一個連鎖咖啡屋，把它所有的淨收入都用在傳道工作上。我還講到我們打算在德國柏林創立第一所國際分區。接下來，我分享了我們想要在大華盛頓區的各個地鐵站電影院設立許多分區。最後，在有點尷尬的情況下，這次面談很倉促地結束了。他們說想要投資給全國社區教會，但是沒有說如何進行或是投資多少。他們離開了，留下我一個人摸不著頭緒。

我不確定那次會面會不會有什麼結果，但是幾個星期後，他們跟我的助理聯絡，預約了一次電話會談。在一個原本沒什麼事的星期三下午，大約在美東時間下午三點左右，我接到了此生最難忘的幾通電話之一。

「馬克牧師，我們想要接續上次會面的議題，讓你知道我們想要捐贈一份禮物給全國社區教會。」

我的心跳馬上開始加速。

我們教會的會友一向慷慨地令人驚喜，但是他們的平均年齡是二十八歲，而且將近三分之二的人都是單身，也就是說，大部分的會友都還沒有到達他們收入能力的最高點。他們是國會山的上班族、城裡的學校教師或是咖啡屋的店員，即使他們很虔誠地捐出收入的十分之一，但是他們沒有足夠多的收入或儲蓄可以讓他們奉獻大額的款項。他們得專心繳學貸，或是籌備婚禮費用。

在那之前，我們收到最大筆的單額款項，是來自一筆房屋出售的什一奉獻——四萬兩千美元，我不禁懷疑這次的捐贈會不會超過那一次。畢竟，如果這份禮物不值一提，你應該不會特別提出來，不是嗎？

「我們想要捐贈一筆款項，不過上面不會標記文字。但是，在我告訴你我們要捐贈多少錢之前，我想要你知道我們為什麼要捐這筆錢。我們奉獻這筆錢，是因為你們的視野超越了你們的資源。」

我永遠都不會忘記那句話：「你們的視野超越了你們的資源。」

那份禮物背後的道理，就跟禮物本身一樣深具意義。那個理論也啟發我們持續地編織看似不合理的夢想。這幾個字，**你們的視野超越了你們的資源**，已經變成了全國社區教會內部的慣用語。我們拒絕讓經費多寡決定我們的視野。用左腦主導的方法是用錯地方的方法，因為它拘泥於我們有限的物資，而不是倚靠神的無限恩澤。信仰可以讓你用神所賜的視野，來決定你的經費。那當然**不表示**你可以濫用經費、揮霍無度，然後弄得負債累累。這表示，當你在信仰裡更進一步，神會給你一個視野，而你因為相信給你這個視野的神，所以你自然會有所準備。記住，既然這個視野是來自於神，它就必定會超越你的能力所及。

「擁有超越你現有資源的視野」跟「擁有偉大的夢想」是一樣的意思。那會讓你覺得好像會讓自己面臨失敗，但事實上，你正在為神準備施展神蹟的機會。神要如何施展神蹟，是祂的工作；而你的工作，是要在神賜的夢想周圍畫圈。如果你做好了你的工作，你也許就會發現自己已經站在淹沒到腰際、三呎深的鵪鶉海裡頭。

「我們想要捐給教會三百萬美元。」

我講不出話來。即便我是個講道者。

那是個時光靜止的神聖時刻。我耳朵聽到了，但是我無法相信。我被這份禮物嚇得措手不及。就像那陣帶來一億五百萬隻鵪鶉進到帳棚裡的風，神的恩澤是憑空出現的。那個時候，我們甚至還沒進行任何宣傳活動！

人為的計畫不能撼動全能之神，能感動全能之神的，是偉大的夢想和勇敢的祈禱。在我說不出話來的一片寂靜中，我聽到聖靈微小低沉的聲音。聖靈按下了迴轉鍵，讓我想起我四年前曾經畫過的那個祈禱圈。

讓我娓娓道來關於那個圈的故事。

祈禱的承諾

二〇〇六年三月十五日，我們在國會山的咖啡屋開張了。打造「以便以謝咖啡屋」的總花費超過三百萬美元，我們的不動產抵押是兩百萬美元。一天，我在祈求神的恩典時，突然想到要為一個兩百萬元的奇蹟祈禱。首先，我必須釐清這個靈感是來自我自己想要擺脫債務的欲望，抑或是聖靈把這個承諾放到我的心裡。要分辨自私人欲望跟神聖旨意是很困難的，但是我大概百分之九十可以確定，是聖靈將那份承諾放進我心裡。我不知道神會怎麼做，但是我知道我必須用祈禱圈住那份承諾。

我跟幾個畫圈人提到我想要祈求一個兩百萬的奇蹟，他們也開始跟我一起為此禱告。當然，有時會有幾個星期或是幾個月的時間，我忘記或沒有為這個承諾禱告，但是這四年來，我們一直斷斷續續地圈著那個兩百萬的承諾。

在神給我那個承諾一年以後，我以為自己想到了一個兩百萬的主意，就是創立一個網路公司 GodiPod.com。蘿拉和我投注了一些資金來創業，但那個兩百萬的點子，最後卻變成一筆一萬五千美元的個人損失。回想起來，我那時是想要「幫」神創造奇蹟。那不也是我們常常試圖去做的嗎？當神沒有馬上回應我們的祈求，我們就試著代替祂回應。就像那天摩西打算自己解決事情，殺了一個埃及工頭[1]，那樣我們就超前了神。但是，當我們試著幫神做祂的事情，最後終究會變成反效果。試著超前神，讓摩西付出了四十年的代價。當然，儘管如此，神還是救贖了摩西，祂讓摩西度過了看守羊群的四十年流浪生涯，並以此作為看守祂的羊群——也就是以色列子民——的準備。只要我們懺悔，神就會回收我們的過錯。

說到我們創業失敗，好的一面是我學到了一些關於祈禱未被回應的寶貴教訓，那些教訓的價值遠比我們因為 Godipod.com 損失的一萬五千美元來得珍貴。首先，我謙卑地認為，因為我們並不是全知的，所以我們的祈禱常常會被誤導。我第一個要承認，我曾經為了錯的原因，在錯的事情上面畫了祈禱圈，而神並沒有依照我希望祂回應我的方式給我承諾！如果我們絕對地坦誠，就必須承認我們大部分的祈求都有主觀、個人企圖安逸的取向，而不是為了神的榮耀。如果神應許了那些自私的祈求，那它們將會阻礙神放在我們生命中的目標。我們會無法學習神要教導我們的事物，也無法培養出神要在我們裡面塑造出來的人格。

我學到的第二個教訓是「不」未必永遠表示「不」，有時候「不」只是表示「還沒」。當神沒有在我們希望的時候、用我們希望的方式回應我們的祈禱，我們都太快就放棄祂了。也許你的期限並不吻合神的時間表，也許「不」只是代表「還沒」，也許那是個神聖的延緩。

最後我學到，我們不應該像找尋神那樣，熱切地找尋答案。這樣我們會過於焦慮，因為我們只想加速找到自己的答案，而不是信任神的時機。這裡有個重要的提醒：**如果你尋找答案，你就會找不到答案；但如果你尋找神，答案就會自然找上你**。在你不顧一切地祈禱到某個程度之後，你必須放下，讓神來做工。如何放下？透過抵抗誘惑，不

1 編注：摩西還在埃及時，某次為了阻止一個埃及工頭鞭打希伯來奴工，卻意外害死工頭，最後導致摩西離開埃及。

要一直想要製造答案來回應你自己的祈求。

在 GodiPod.com 失敗之後，要抽回資金、放棄那兩百萬的承諾是很容易的，但我沒有，我仍持續圈著那個承諾。我仍然相信，神終究會用某種方式，在某個時間點回應那個祈禱。我永遠不可能猜到，那個回饋會發生在一個談論教會管理的會面，但是我停止製造我自己的答案，只是信任神會在我準備好的時候給我答覆。然後在一個下午，大約三點鐘的時候，神就這樣憑空出現，帶著一個神聖的驚喜，來兌現祂的承諾。

帶來驚喜的元素

我們家族有很多代代相傳的經典名言，那是我們家族傳說的一部分。我不確定這句是什麼時候傳下來的，但是我記得我祖母不只一次說到：「你絕對永遠有時候不會知道。」這句繞口令是個腦筋急轉彎，所以你可能需要讀兩次。翻譯在此：「什麼事都可能發生！」

讓我回到這句名言，並給它一個運用於祈禱的範例。當你用祈禱圈住一個承諾，你絕對永遠有時候不會知道接下來會發生什麼事。什麼事都可能發生！你絕不會知道神在什麼時候、用什麼方式、在什麼地方回應你的祈求。祈禱在你的生命中加入了一個驚喜的元素，它比一場驚喜派對、一份驚喜的禮物、一段驚喜的愛情故事還要美妙。事實上，祈禱會讓生活成為派對、禮物和愛情故事。

神讓我驚喜了好多次，以至於我已經不會再因祂給的驚喜而感到意外。那不代表我比較不喜歡驚喜了。我敬畏神，敬畏祂用各種奇妙和神秘的方式回應我們，但是我已經漸漸可以預期到那些無從預期的，因為神是可預知地不可預知。神永遠在祂至高的袖子裡保留了一個神聖的驚喜！我唯一可以斬釘截鐵地預期到的是：**你祈禱得越多，就有越多神聖的驚喜會發生**。

好幾個月前，神用一個在美國國家足球聯盟（NFL）的教堂裡講道的機會，讓我感到欣喜。我之前已經有過幾次類似經驗，但是這次是很特別的，因為這次是為我從小就一直支持的隊伍祝福。不僅如此，我最喜歡的球員，那個我在比賽的日子都會穿著他背號球衣的球員也在場。說實話，我有點緊張。在那麼一大群男人面前，他們個個板著臉孔、帶著鋼盔，會引發令人害怕的威脅感，而且他們的擒殺隊長（team sack leader）就坐在最前排。

那天晚上我嘔心瀝血地佈道，因為老實說，我想要他們在隔天贏得比賽！但我也知道，那是神的決定，而我也感到一份特別的感召。神會挑選一個死忠的球迷來為這個隊伍講道，一定有祂的道理。之後，我跟球員們握了手，以為就這樣結束了，但是**你絕對永遠有時候不會知道**接下來會發生什麼。球季結束以後，我跟我支持了整個比賽生涯的球員一起用晚餐。晚餐後我們站在餐廳的停車場，我忍不住咯咯發笑。我跟他說，我已經為他祈禱過上千次，但是每次的祈禱都是關於美式足球。那天晚上，我是為他祈禱。但不是為一個美式足球球員，而是為他個人。那就像神給人的感覺一樣，不是嗎？當你畫出一個祈禱圈，即使那個圓圈因為你的無知而變得有限，你絕不會知道神會如何或在何時或在何地回應它。一個祈禱會牽引出另一個，另一個再引出另一個，這些祈禱會帶你到哪裡，沒有人知道，只有獨一無二的全知之神知道。

過去一年來，我用很高的頻率重複同一個祈禱：「神啊，請祢做出令人無法預測、無法控制的作為吧！」

那是個可怕的祈禱，尤其是對我這個控制狂來說。但是，那還不至於比「沒有神聖驚喜的生命」來得可怕。而且你不能兩者都要。如果你要神給你驚喜，你就要放棄你的控制欲。你會失去一些預知能力，但是你會開始看到神用無法控制的方式行動！任何事情都可能發生。在任何地點、任何時間。

再一次的驚喜

我相信，聖經裡的每一個字都是受到神啟發的，小到連標點符號都是。像是〈詩篇〉（聖詠集）第二十三章，或是像〈約翰福音〉（若望福音）三章十六節，那樣的經文在大眾耳熟能詳的排行榜上名列前茅。有些時候，那啟發撰寫聖經的聖靈，會用不可思議的標點符號來啟發某個聖經的讀者。某個字或是某個句子會從頁面上跳出來，進入你的心裡。其中一個不可思議的啟發，就發生在我們那通三百萬鵪鶉電話的來電之前，那時，我正讀到〈使徒行傳〉（宗徒大事錄）第十章第三節：「有一天下午，在三點鐘左右，他得了一個異象。」

那段的前後文是這樣的。有個名叫哥尼流（科爾乃略）的羅馬士官，他慷慨地濟助窮人，且「時常熱心向上帝禱告」[2]。那個禱告的習慣，讓他跟神的頻率相通，為他看見異象鋪了路。在那個時候，基督宗教是猶太教的一個支派，但是這個異象改變了基督宗教的命運，因為它的教堂也開放給異教徒。基督宗教跨越了盧比康河（Rubicon），任何願意的人都可以前來！

那個異象的時間點，幾乎是個巧合，不是嗎？「有一天下午，在三點鐘左右」，那就是我喜歡這段經文的地方。如果你經常祈禱，你不會知道神會在什麼時候出現或出聲。今天，也許就是那一天。當你用祈禱過生活，你就是帶著神聖的期望而活。你知道那些巧合都是神的旨意，任何時候都可能演變為一個神聖的時刻。神會進入到你的現實生活裡，在有一天的下午三點鐘，改變一切。

我聽到捐獻三百萬的消息時，我知道神已經回應了我們四年來為兩百萬奇蹟的祈

2 參見〈使徒行傳〉（宗徒大事錄）十章二節。

禱。唯一令我意外的是，金額是三百萬，而不是兩百萬。我感到有點疑惑，因為那數字不是正好兩百萬。當然我不是要抱怨，那時，聖靈用祂堅定的微小聲音對我說：「馬克，我只是要讓你看到，我能做到一個更好的。」而祂指的一個更好的，就是更好地超過一百萬！

神並不是只給我們一次「一個更好的」，不到一年以後，我們收到一個四百萬的禮物，一個比三百萬更大的禮物。就像神說的：**我可以再給你一次一個更好的**。用那憑空出現的七百萬美元的贈禮，我們無須貸款地購買了「國會山的最後一塊地」。

唯有神能成就。

讓我困惑吧！

聖經裡最大的驚喜之一，發生於五旬節聖靈降臨那天。沒有人能想到那個神蹟。當彼得（伯多祿）那天早上起床時，他怎麼也想不到，神會讓祂的聖靈如火焰般傾洩而出；他也不會想到，人們會自然而然用他們從沒學過的語言說話，或是他會在天黑之前使三千人信主。那是不可預知、且無法控制的。然而這個神聖的驚喜，發生在教會的誕生日是多麼恰當。神安排了一個驚喜派對！

好幾年前，我在閱讀五旬節那天所發生的事情經過時，有了一個啟示。上面描述人們「又驚奇又困惑」[3]。我們所有人都想因為神而感到驚奇，對吧？我們很容易祈求：「讓我驚奇吧！」但是，我不知道有沒有人祈求：「讓我困惑吧！」然而，這是一體兩面的。如果你不願意受到困惑，你就永遠不會感到驚奇。

哥尼流在一天下午三點的時候，看見了異象。隔天下午，大約正午時分，彼得在皮匠西蒙（西滿）家屋頂上禱告的時候，看見了一個讓他困惑的異象。他看見很大一塊布，上面放滿了動物、鳥和爬蟲，神對彼得說：「宰來吃吧！」你會喜歡彼得的回答的：「主啊，絕對不可！」[4]彼得反抗了耶穌。但在你批評彼得之前，請理解到，每當神給了一個超越我們理解能力所及的夢想時，我們經常也是同樣的反應。

彼得無法接受這個使他困惑的異象。他不只是困惑而已，聖經說他是「非常困惑」[5]。為什麼？因為這個異象跟他所認識的一切是直接違背的。猶太教在飲食上的法規，是禁止食用不潔淨的動物。彼得說：「我從來沒有吃過任何污穢不潔的東西。」[6]於是，神以無比的耐心重複了三次那個異象。那大概是彼得的魔幻數字。在第三次的時候，奇蹟就出現了。

3 參見〈使徒行傳〉（宗徒大事錄）二章十二節。
4 參見〈使徒行傳〉（宗徒大事錄）十章十四節。
5 參見〈使徒行傳〉（宗徒大事錄）十章十七節。
6 參見〈使徒行傳〉（宗徒大事錄）十章十四節。

我們許多人就是會在神要我們做某件前所未有之事的節骨眼上，在精神上受到拘束。我們並沒有依靠信仰而行動，而是轉換回自己原本的邏輯思維。我們沒有接受神的新啟發，反而掉進老掉牙的窠臼模式。

彼得為這個異象感到疑惑，但是他依他的信仰而行。他冒著失去名聲的風險，打破猶太教書籍裡的教條，踏進了哥尼流的房子裡。這是前所未有的，因為那被視為是不乾淨的，但是那一小步，最後證實了其實是一大步。那個門框是個蛀洞，彼得跨過那道門檻的瞬間，所有的異教徒都有充分的資格進入教堂。如果你不是猶太人，那麼你的宗教族譜也許可以回溯到那個時候。彼得有信心跨越那個深坑，因為他用祈禱圈住了一個讓他困惑的異象。每一個相信耶穌基督的異教徒，都是在回應彼得那天下午在皮匠西蒙家屋頂上畫出的祈禱圈。

你願意受到困惑嗎？你接受神聖的驚喜嗎？你有沒有勇氣讓神用無法預知、無法控制的方式行事？如果你不能接受前所未有的創舉，那麼你就只能重複歷史。如果你**能夠**接受空前絕後的事，你將可以改變歷史。這當中的不同，就在於祈禱。

寫在牛皮紙上的異象

哈里特（Harriet）出生在美國一個傑出的牧師家庭裡。她的父親里曼・比徹

（Lyman Beecher）是美國公認最棒的演說者，那份名譽一直傳承到她的哥哥亨利・比徹（Henry Ward Beecher），但是真正能改變美國歷史的，卻是哈里特。

一八五一年，一個星期天早晨，在教會聚會的時候，哈里特陷入了一種疑似與彼得在皮匠西蒙家屋頂上所經歷的相同狀態。在這個恍惚的狀態中，她看見一個老奴隸被鞭打致死。這個異象讓她震驚到止不住地哭泣。她從教會走路帶她的小孩回家，然後沒吃午餐。她馬上把這個神給她的異象寫下來，許多字句從她的筆尖傾洩而出。當她寫到沒有紙張可寫了，她找到一張咖啡色的雜貨店包裝牛皮紙，在上面繼續寫。當她終於停下筆，讀過一遍她所寫的文字後，她無法相信這是自己寫的。這完全是神的啟發。哈里特說，神寫了那本書，她只是把文字寫到紙張上而已。

一八五二年一月，哈里特・比徹・斯托（Harriet Beecher Stowe）看見異象的一年後，四十五章的《湯姆叔叔的小屋》（*Uncle Tom's Cabin*，又譯《黑奴籲天錄》）手稿已經完成出版。出版商約翰・傑威（John P. Jewett）並不認為那本書會賣出很多本，但是在第一天，那本書就已經賣出了三千本。出版第二天，第一刷的所有存貨都已銷售一空。這本書甚至還沒有校訂過，第三刷跟第四刷也都已經售罄。那本傑威認為不會大賣的書，最後在美國幾乎每戶一本，包括白宮。沒有一本小說能像由哈里特的異象所寫成的《湯姆叔叔的小屋》那樣，對一個國家的意識有如此巨大的影響力。實際上，哈里特跟林肯總統見面時，林肯說：「所以，妳就是啟動這場大戰爭的那個小女人！」

千萬不要低估一個單獨祈禱的力量。任何一個勇敢祈求、圈出偉大夢想的人，神都能透過他們來成就所有事。在神的面前，沒有前例可循，因為所有事情都是可能的。當你擁有千山萬嶺的牲畜，要在荒郊野外供給一個月的肉食根本不成問題。但是神可以用一個智者的大膽祈求來終結乾旱，也可以用一個年輕母親的大膽筆觸來終結奴役。如果你有勇氣用祈禱圈出你的夢想，你絕對永遠有時候不會知道接下來會發生什麼事。

禱力激盪

我相信計畫。沒有好好計畫，就等於計畫著失敗。但我也相信這點：**一個大膽的祈禱，可以成就超過一千個完美安排的計畫**。所以儘管計畫吧，但是務必要用祈禱來圈住你的計畫。如果你的計畫不是誕生於祈禱當中、沉浸在祈禱當中，那它們就不會成功。我是從個人經驗學到這一點的。我們在芝加哥設立教會據點之前，我擬定了一份二十五年的計畫。那個完美的計畫是我在學院修課的一個作業，我還因此得到了A的好成績。在現實中，我實在應該得到F的，因為這個計畫最後失敗了。我仍舊把那份二十五年的計畫保留在我的檔案裡。它能讓我感到謙遜，同時還能提醒我，要不是神築起了門牆，否則建築工人都是徒勞無功的。[7]

很少事情會比一個失敗的計畫更令人痛苦，但我總是會從那古老的諺語「如果你想讓神笑，那就告訴祂你的計劃」中，找到一點自嘲和謙卑。當我們忙著計畫時，有時候神正對著我們呵呵發笑。如果我們的計畫差了太遠，那個有感染力的笑也許會在天堂上傳開來，成為一個微笑的軌道。那不是惡意的嘲笑，也不是神在嘲笑我們的失敗。我只是覺得，神有時候會感到驚奇，是因為我們的計畫原來是那麼渺小。祂讓我們渺小的計畫失敗了，這樣一來，祂給我們的偉大夢想才能勝出。所以，要像一切都取決於你一般持續地計畫，但是務必要像一切都取決於神那樣地祈禱。祈禱是計畫的全部。**不要只是腦力激盪，要禱力激盪**。

當神給我創立教會的第二次機會時，我還是一點一滴地謹慎計畫，但是我同時做了更多的祈禱。剛開始我是在國會山畫圈，但是在我祈禱的時候，一個令我困惑的異象改變了我們教會的道路。

一天早上，我正從聯合車站走路回家，神讓我看到我們未來在第五街和F街街角的異象。那時，並沒有天使聖詩般的歌唱，人行道上也沒有塗鴉。但在我心裡的視野裡，我看見一張華盛頓特區的地鐵系統路線圖，我看見我們在整個特區裡各個地鐵站電影院聚會。這個異象令我困惑的原因之一是，那時候的教會學字典裡還沒有「多據點教會」這個詞，那是前所未有的。十年後，全國社區教會在六個電影院和特區地鐵系統裡的三

7 參見〈詩篇〉（聖詠集）一二七章一節。在我們芝加哥的教會建立失敗之後，我就用祈禱圈起了這段經文。

十九個車站電影院聚會，我們有很充裕的空間成長！我們二〇二〇年的願景是二十個據點。這段話的另一個意思是：我們很快就會到你附近的電影院去了！在信仰上，我夢想著美國的每一家電影院都有一個教會。有何不可？

在商圈環境（像是電影院）的場所聚會，已經變成我們教會DNA的一部分。我們喜愛那些舒適的座椅和巨大的屏幕，我們也喜歡爆米花的香味，那是我們的薰香。每當我嗅到奶油爆米花的香味，我受到制約的反射動作就是高舉雙手頌讚。

你願意受到困惑嗎？如果你願意，神可以、也一定會讓你感到驚奇！

你絕對永遠有時候不會知道接下來會發生什麼事。什麼事都可能發生。

第7章 一萬個問題的解答

神的能力是有限的嗎？

在鵪鶉風暴出現在都卜勒（Doppler）氣象雷達裡之前，神問了摩西一個問題。那不只是一個問題，那是個**極度重要的問題**。你對這個重要問題的回答，會決定你祈禱圈的尺寸大小。

這個問題就是：「神的能力是有限的嗎？」[1]

這個問題的答案顯然是否定的。神是全能的，也就是說，沒有神做不到的事。然而，我們很多人在祈禱時，好像都以為我們遭遇的問題超越了神的能力。所以，讓我提醒你這個充滿高能量的真理，這個真理就是你的信仰燃料：**神比你最大的問題或最大的夢想都大上無數倍**。同時，祂的恩典也比你最大的罪惡還要更加深遠。

當代靈性導師陶恕（A.W.Tozer）認為，貶抑神，會造成上百個小惡魔；仰賴神，

1 編注：參見〈民數記〉（戶籍紀）十一章二十三節。摩西詢問神是否真能讓六十萬以色列百姓吃一個月的肉食時，神回答他：「我的能力有限嗎？你就要看見我說的話會不會實現！」

則能解答上萬個世俗問題。如果他說的沒錯，而我也同意他的說法，那麼你最大的問題並不在於搖搖欲墜的婚姻、失敗的生意，或是醫生的診斷結果。請不要誤會，我不是要忽視你本身感情上或是健康上的問題。我絕對不是要小看你現在可能要面對的龐大挑戰。但是，為了重新得到一個跟神一樣的視野來看待你遭遇的問題，你就必須回答：你的問題比神還重要嗎？還是神比你的問題更偉大？我們最大的問題是，我們都小看了神。那是造成所有小惡魔的原因。能解決所有其他問題的，只有對神的仰賴跟倚靠。

「神的能力是有限的嗎？」你曾經回答過這個問題嗎？你只有兩個選擇：是或否。在你還沒相信神的恩典和力量有多麼浩瀚無邊之前，你只會畫出小的祈禱圈。一旦你接受神全能的事實，你就會環繞著神賜給你的神聖巨大的夢想，畫出越來越大的圈。

你的神有多大？祂有大到能夠拯救你的婚姻、治癒你的孩子嗎？祂有比一份陽性結果的核磁共振報告書或是負面的評估報告還要大嗎？祂有比你秘密的罪惡或是私密的夢想還大嗎？

測量神的大小

前面我們說過，摩西因為神給他的承諾而感到困惑。神怎麼可能提供一個月的肉食？那說不通！但在那麼困難的時間點，摩西必須抉擇。在他決定要不要為這個承諾畫圈時，神問他：「我的能力有限嗎？」

當神讓我突發奇想，要我祈求一個兩百萬美元的奇蹟時，我必須回答這個問題。對我來說，那看起來像是個不可能的承諾，但是對神來說，祂都可以憑空變出一億五百萬隻鵪鶉了，那兩百萬美元算什麼呢？

祈禱圈的大小，取決於我們心中神的大小。如果神是無邊無際的，那麼我們的祈禱圈也不應該有所制限。神存在於祂創造的四次元時空之外，我們就應該那樣子祈禱！

這讓我想到一個笑話，有個人想衡量神的能力，他問：「神啊，對你來說，一百萬年有多長？」神說：「一百萬年就像是一秒鐘的時間。」然後那個人又問：「對你來說，一百萬美元是多少？」神說：「一百萬美元就像是一分錢。」那個人微笑說：「那祢可以給我一分錢嗎？」神也微笑著對他說：「可以啊，只要等我一秒鐘。」

在神面前，沒有大或小，沒有難或易，沒有可能或不可能。這點很難理解，因為我們都只認識我們出生所在的這個四度空間，但是神並不受限於祂所建構的自然法則。祂沒有開始也沒有結束。對無限大來說，所有的有限都是一樣的價值。即使是我們最難的祈求，對全能之神來說也是很容易回答的，因為困難度根本不存在。

如果你的想法跟我一樣，你可以使用大一點的字眼，來祈求大一點的夢想；你可以為了你最大的祈禱，拿出你最好的辭彙來，好像神的回應會取決於文字的正確組合一樣。相信我，不管你的祈禱有多長、多大聲，那都不重要；重要的，只在於你對這個問題的回答：**神的能力是有限的嗎？**

在神的跟前，從來就沒有「祂做得到嗎？」的問題，只有「祂願意做嗎？」的問題。雖然你不一定知道祂是否**願意做**，但是你知道祂**做得到**。而因為你知道祂做得到，你就可以帶著神聖的信心祈禱。

神的手指頭

我在十三歲那年回答了那個問題，或者我應該說，有人為我解答了那個問題。一個星期天，我們家去拜訪一個新教會，然後星期一的時候，那個教會的一個祈禱團毫無預警地出現在我們家門前。他們按了門鈴，讓我們有點嚇一跳。他們的信仰也同樣讓我們驚奇。在他們自我介紹之後，他們只問我們是否有需要幫忙祈禱的事情。

在那時，我有很嚴重的氣喘問題。我在十幾歲的時候，就已經因此住院了快十次，因此我請他們祈禱，求神治癒我。那個祈禱團隊就在我四周圍成一個祈禱圈，把他們的手放在我的頭上。這讓我覺得有一點不舒服，但是在那之前，我從來都沒碰過任何人用那樣的方式深度祈禱。他們祈禱的樣子，看起來就像他們真的相信。祈禱完後，他們就離開了。

從那天晚上入睡後到隔天早上醒來之間，神在某個時間點施展了神蹟，但那並不是我所預期的奇蹟。神回應了那個祈禱，卻是個在我意料之外的答案。隔天早上，我仍舊有氣喘，但是我雙腳上的肉疣全部不見了。真的。剛開始，我懷疑是不是神誤解了那個祈禱。或許，這會不會是某種祈禱玩笑？我不禁猜想，祈禱會不會像傳話筒遊戲那樣，一個信息從一個人傳到另一個人那裡，最後才傳到神那邊。也許在這裡和天堂之間的某處，「氣喘」被解讀成了「肉疣」。又或許有某個長了肉疣的人，那天呼吸突然非常順暢，因為他獲得了我該得的回應，而我得到了他的。

那是我生平第一次聽到聖靈那微小而堅定的聲音。要知道，聖靈的話語是少之又少的，但是那些話語會永遠迴盪在你的腦海。聖靈對我說：「馬克，我只是要你知道，我是有能力的。」

就像神降下雨水來回應何尼的祈禱之後，你隔天要**不相信**是很難的。一旦你經歷了一個神蹟，你就再也回不去了。你很難再質疑神。我在想，摩西大概就是因為這樣，才能畫出「吃一個月的肉食」那樣不可能的祈禱圈吧。神已經給了嗎哪，神已經分開了紅海，神已經施展了十個神蹟，讓以色列人脫離埃及。

當神一次又一次地證實了祂的能力，你如何能不相信？

一個必須注意的註腳。

這個問題——神的能力有限嗎？——在不同版本的聖經裡，有不同的演繹。有一個版本是「神的臂膀縮短了嗎？」另一個版本為「神手塗的蠟不夠嗎？」在這兩個例子裡，神的手或是手臂都被用來比擬祂的能力。

讀了這個之後，再想想神將以色列人從埃及釋放出來的十個神蹟。這些神蹟，並不是神的手或是神的手臂。**這只是神的手指頭。**

儘管我們不知道到底是哪一根手指頭，但那十個神蹟是來自其中一根手指。讓我猜的話，是祂的小指頭！如果一根手指頭就能夠施展十個神蹟，那麼神的手或是神的手臂能夠成就什麼呢？

講到神的旨意，我是一無所知。對於神投的曲球，我祈禱出來的打擊率並不比任何人好。我經常事後諸葛，推想神的旨意，但是我從沒有懷疑過神的能力。神是全能的。**我不總是知道祂是否願意做，但我知道祂總是做得到。**

十五億五千萬光年的距離

神的能力在技術上是無法計量的，以賽亞（依撒意亞）先知用宇宙的大小來跟它比較，讓我們得以一窺神的全知全能。祂的智慧和我們的智慧，祂的力量和我們的力量，兩者之間的距離，就像是宇宙的兩端那般遙遠。

正如天高過地，

我的道路高過你們的道路；
我的意念高過你們的意念。2

宇宙如此之大，以至於我們需要一個超級大的量尺。測量的基本單位是一個光年。光的進行，是用一秒鐘十八萬六千哩的速度在前進，那速度之快，快到你單單彈個手指的時間，光已經繞地球五六圈了。

把光的速度和宇宙的大小具象化來說，太陽在距離我們最遠的時候，與地球的距離是九億四千四百萬哩。如果你可以開車到太陽去，用每小時六十五哩的速度、一天二十四小時、一年三百六十五天不停地行駛，那麼你要花一百六十三年才能抵達那裡。反之，晴天時溫暖你臉頰的光線，離開太陽的表面卻只花了八分鐘的時間。所以，九億四千四百萬哩的距離，用我們俗世的標準來看，是很長的距離，但在天文的計量上，就像是在隔壁門一樣近。太陽是我們身處的那個叫銀河的小小星系裡，離我們最近的一顆星。宇宙中有超過八十億個星系，跟地球人數相比，比例是十個星系對比一個人！我不認為你上天堂了以後會擔心沒有事做，那根本是個大得可怕的沙坑。

在一分鐘的時間內，光旅行了一千一百萬哩。在一天的時間內，光就旅行了一百六

2 參見〈以賽亞書〉（依撒意亞）五十五章九節。

十億哩。用一年的時間，光能旅行五兆八千六百五十億六千九百六十萬哩那樣遙不可及的距離。但那只是一光年的距離。根據天文物理學家表示，宇宙的外圍是在十五億五千萬光年以外的地方！那聽起來很令人無法理解，因為我們根本無法想像。然而神說，這就是祂的想法跟我們的想法之間的距離。所以我是這樣想的：你在你最佳狀態的日子裡所能擁有的最棒想法，距離神真正的偉大和美妙，還相差了十五億五千萬光年之遠。即使是我們當中最聰明的人，還是跟神差了十五億五千萬光年的距離。神能做出比你所能要求或想像的，高出十五億五千萬光年的事。

基本上，一個偉大的夢想，是一個比你自己還大的夢想。換句話說，那是你用人類的能力所無法達成的。這也表示，有時候你會開始懷疑你自己。那是正常的。但那也是你為什麼必須提醒你自己，你的夢想不會比神還大；神比你的夢想大上十五億五千萬光年。

如果你從未有過像神一樣偉大的夢想，並因而感到害怕失措，那你就還沒有真正活過。如果你從未被你計畫中的不可能性所壓迫，那你的神就太小了。如果你的視野不是令你感到疑惑且充滿不可能，那你就必須擴張你祈禱圈的半徑。

感召和資格

在這個世界上，一個偉大的夢想，同時是最好也是最壞的感受。它會讓你振奮，因為它超越了你的能力所及；但也因為同樣的原因，它會讓你害怕。因此，如果你要擁有偉大的夢想，你必須克服情緒上的壓力。面對你的恐懼，是這場戰役的開始。然後你必須一次又一次地繞著它們畫圈。

你曾經覺得你的夢想對你來說太大了嗎？

摩西不只一次這樣覺得。當神召喚他帶領以色列人出埃及，摩西覺得這夢想太大了。他覺得自己沒有這樣的資格，因此他請求神派其他人來執行。那是一般人的想法。從我的經驗看來，你永遠都不夠有資格。然而，神並不是感召那些合格的人，**神會讓感召的人夠格**。

我原本並不夠格牧養全國社區教會。我的履歷中，唯一的資歷是一個為期九週的暑期實習。我們的咖啡屋生意本來也沒有進帳。我們開始追逐那個夢想時，我們的團隊裡沒有人曾經在咖啡屋工作過。但是，不管你是要嘗試貸款、工作或計畫，一旦神召喚了你，你就是合格的。

這個問題從來就不是：「你夠格嗎？」這問題應該一直是：「你受到感召了嗎？」

我總是跟一些勵志作家做出**合格**和**感召**的區別。有太多作者擔心自己的書是否能被出版，但那並不是問題所在。真正的問題是：你是受到感召而寫作嗎？那才是你唯一要回答的問題。而如果這問題的答案是肯定的，那麼，你就需要寫這本書來順從神的感召。是不是會有人讀它，那根本不重要。

我還記得那一天，我走進聯合車站，詢問租賃電影院場地來做週日禮拜的事情。那個機會讓我感到膽怯，因為那裡看起來太美好了，那裡感覺太大了。那時候，我們只是一個擁有五十名成員的教會，而聯合車站是華盛頓特區裡最繁華的地點。五十個人要如何在一個每年湧入兩千五百萬人次的地方做禮拜？我們連一個大廳都塞不滿，要怎麼填滿那個曾經是世界上同一屋簷下佔地最大的空間？那個夢想對我來說太大了，但那對神來說，從來都不會太大。那時候看起來太大的，到最後卻變得太小，無法容納神要在我們裡面、透過我們所做的作為。

如果你想要在心靈上繼續成長，你就必須持續擴展。怎麼擴展？透過**追求那些比你還大的夢想**。當全國社區教會只是個五十人的教會，我們在信仰上跨出很大的一步，就是舉辦了一場「散播希望」（Convoy of Hope）活動，提供了五千人所需的餐點。我們知道那會需要四百名同工，我們也知道我們只有五十個人。但是我們感受到神感召著我們去實行。

幾年前，我們在羅勃甘迺迪（RFK）體育場又舉辦了一場「散播希望」活動。這次，我們提供了一萬份餐點給需要的人。在我們慢慢彌補時間、體力和資源上的巨大花費的同時，我們感覺到神這樣激勵我們：「你們何不每天這樣做？」老實說，一年做一次已經讓我們覺得很滿意了，但是神要求更多。現在，我們的夢想是在特區東南方打造「夢想中心」（Dream Center），成為全年無休、每天二十四小時滿足各種需求的場所。那是超出我們能力所及的，但那也是為什麼我們相信神會眷顧的原因。

成真的夢想

比爾．葛洛夫（Bill Grove）有一個偉大的夢想。他同時也有一種情結，自稱為摩西情結。他的偉大夢想是成為斯科特斯戴爾俱樂部（TPC Scottsdale）的總經理，而這個俱樂部是西部地區職業高爾夫球協會最重要的高爾夫球場。然而，那個夢想對這個前高爾夫球職業選手來說太大了。跟摩西一樣，比爾很難相信他可以經營那個《高爾夫週刊》（*Golfweek*）譽為「美國最棒球場之一」的俱樂部。

比爾懷疑他自己，但他不懷疑神。他圈住那個夢想，圈了超過十年。關鍵時刻是一個星期三的夜晚，在他們教會祈禱結束之後，比爾帶著他的妻子戴比和他們的八歲女兒凱西驅車前往斯科特斯戴爾俱樂部，然後把車停到停車場。他們雙手合十，把球場俱樂部當作耶利哥城一般圍繞行走。他們繞了七圈。在俱樂部餐廳裡用餐的一些人都用異樣的眼光看著他們，但是比爾、黛比和凱西仍舊繼續繞圈。他們祈求神的眷顧，他們祈求神的榮耀，他們祈求神的旨意。

好像隨著他們每走一個圈，神就變得越來越大。隨著每一個圈的完成，自我懷疑就慢慢縮小，而一股神聖的信心漸漸滋長。隨著每一個圈的完成，一場祈禱的戰役慢慢得到了勝利。

在畫了祈禱圈不久之後，比爾得到了他夢想的工作，成為斯科特斯戴爾俱樂部的總經理，並且在他任職的十七年期間，神一直回應著比爾的祈禱。如今，斯科特斯戴爾俱樂部舉辦國內職業高爾夫球協會的最大型比賽，並受到著名旅遊雜誌《CN旅行家》（*Condé Nast Traveler*）評為「世界五十大頂尖高爾夫球休閒勝地之一」。此外，有件事因為比爾太謙虛而不會提到，因此你必須自己發現，那就是職業高爾夫球協會西南分會肯定了比爾的特殊成就，將它最高的榮譽獎項之一「年度最佳高爾夫球職業選手」頒發給比爾。

比爾把他個人和職業成就的榮耀歸功給神。這些見證的不是比爾．葛洛夫這個人；它們見證的是神透過一個勇於追求偉大夢想、發出大膽祈禱的謙卑僕人，所能成就的偉大作為。

給神的一封信

現在，讓我稍稍回溯一下這個祈禱圈的源頭。

有時候，當你聽到別人的祈禱得到了回應，那可能不會激勵你，反而會讓你感到沮喪，因為你會懷疑，為什麼神回應了他們的祈禱，卻沒有回應你。且讓我提醒你，這些回應很少真的像它們聽起來那樣快速而輕易地發生，它們通常都有一個背景故事。所以，雖然我們會在祈求得到回應後很迅速地歡呼，但是這個回應多半不是很快就發生。我從來沒有遇到哪個人在追求偉大夢想的道路上，從未經歷很大的挫折。

要不是比爾在一九八五年失去了他在一家私人高爾夫球俱樂部任職了十一年的主管職位，他就不會得到他夢寐以求的那份工作。失去那個主管職位，對他的自尊是極大的打擊，即使他是因為正當的原因才失去它——當比爾無法同意一筆不公平的生意，他的計畫連同他的工作都一起被拋諸窗外。比爾很惶恐，也很絕望，以致他一天晚上在淋浴時跪了下來，哭著祈求神的憐憫。他祈求了他記憶中唯一一個神的承諾：「將一切的憂慮卸給神，因為他顧念你們。」[3] 比爾說：「我走進淋浴間時，感覺像是肩負著五百磅的重量，但是在我走出淋浴間時，感覺好像充滿力量，反而能夠舉起五百磅的重量。」

有時候，**祈禱的力量，就是堅持下去的力量**。那不一定會改變你的現況，但是它會給你力量度過困境。當你不顧一切地祈禱，你身上的負擔就能得以卸下，放到背負十字架到髑髏地（加爾瓦略山）的神的肩上。

在失去主管職位後的六年之間，比爾以職業高爾夫球手的身分到處打零工。他跟戴比放下一切，重新跪下來祈禱，因為他們跟十年前比起來，並沒有進一步更貼近他們的

3 參見〈彼得前書〉（伯多祿前書）五章七節。

夢想。就在那時候，他們決定寫一封信給神。他們把那封信貼在他們的冰箱上面，每一次他們從冰箱旁邊走過時，他們就會讚美神，用繞行耶利哥的方式，讚美祂將要帶來的作為。

之後的十年間，比爾的工作機會一個接著一個，直到他終於落到他夢想的職位上，成為斯科特斯戴爾俱樂部的總經理。每一次他們需要賣掉舊房子，或是得到新工作的時候，比爾和戴比會寫一封信給神，然後把它貼在冰箱上面。那是他們用祈禱圈住他們生活情況的獨特方式。他們不一定會得到他們想要的，也不一定能在他們想要的時候得到。有時候神好像會故意慢慢來，祂就是這樣，但是祂從來不會忘記祂的郵戳印記。經過了十年神安排的延緩和曲折之後，比爾得到了他的理想工作——那個他花了超過十年時間用祈禱圈起來的夢想。

你的夢想對你來說太大了嗎？

它最好是太大，因為那會讓你必須用祈禱把它圈起來。如果你持續畫著祈禱圈，神就能越來越彰顯祂的作為，直到你看見你那不可能的祈禱成真。事實上，對全能的神來說，那只是個輕而易舉的回應！

Part 2

畫第二個圈：用力祈禱

一天，耶穌告訴他的門徒一個故事，告訴人們要常常祈禱，不可灰心。耶穌說：「某城裡有一個法官，他不敬畏神，也不尊重人。那城裡還有個寡婦，經常到他那裡，說：『我有一個對頭，求你給我伸冤。』這個法官一直拖延，但後來他心想：『我雖然不敬畏神，也不尊重人，可是這個寡婦不斷地煩擾我，不如我就為她伸冤，免得她總是糾纏不休！』」[1]

上述這個「切求的寡婦和不義的官」的寓言，是聖經裡關於祈禱最奇特的情景之一。它告訴我們「用力祈禱」是什麼樣子：不停地敲，直到你的手指皮開肉綻；不停地吶喊，直到你聲嘶力竭；不停地泣求，直到你眼淚乾枯。用力祈禱，就是**不顧一切地祈禱**。只要你不顧一切祈禱，神就會回應。但是，是依照神的意旨、用神的方式來回應。

用來形容那個寡婦殷切要求的句子「她煩擾我」（she is wearing me out），是個拳擊用語。用力祈禱，就是跟神展開十二回合的對抗。一場跟全能之神的重量級祈禱拉鋸戰，可能會很令人苦惱、也很費力，但那就是最偉大的祈禱能夠得勝的方式。用力祈禱，是超越言語的；那是血、是汗、是淚。用力祈禱包含兩個層次：要像一切都取決於神一般拼命地祈禱，也要像一切都取決於你自己一般拼命地努力。那也是不斷地祈禱，不管要花多長的時間，祈求到神回應為止。那是不計一切代價對神表現你的誠心誠意。

在絕望的時刻，會帶來絕望時才會採取的手段，而這世上沒有什麼行動比用力祈禱還要更絕望的了。你總會遇到一個時候，必須拋下所有的顧慮，直接在沙地上畫圈。你總會有那麼一個時候，必須挑戰常規，屈膝下跪為不可能的事情祈求。你會有那麼一個時候，需要凝聚起你心中點點滴滴的信念，祈求天降甘霖。對那個寡婦來說，**現在**就是那個時候。

我們雖然不知道這件事的不公義之處在哪裡，但是我們知道，那個切求的寡婦是不會接受否定答案的。那就是讓她成為畫圈人的原因。也許是她的兒子被冤枉，因為一個他沒有犯的罪行被囚禁。也許是那個非禮她女兒的男人居然還逍遙法外。不管是什麼，那法官知道，她是絕對不會放棄的。那法官知道，她會繞著他的房子，直到她死的那一天，除非她的正義能被伸張。那法官知道，那個切求的寡婦是不會輕言放棄的。

那位法官知道你的情況嗎？

你有多麼渴望奇蹟，渴望到徹夜祈禱？你願意圈著那個祈求幾次，直到你死的那一天？你會在機會之門的外面敲門多久、敲多大聲，直到你把門敲破？

如果你還不夠絕望，你就不會採取絕望的手段。如果你沒有像一切都取決於神那樣不顧一切地祈禱，那麼最偉大的奇蹟和最美的回應，就會停留在你能祈求的範圍之外。但是，如果你學會如何用力祈禱，像那位切求的寡婦一樣，神就會回應你大膽的祈求，

1 此故事請參見〈路加福音〉十八章一至五節。

因為你大膽的祈求能夠榮耀祂。

就跟畫圈人何尼一樣，那位切求的寡婦的方法是很另類的。就實務上來說，她應該、也可以等到她開庭的日子。跑到法官的私宅去，已經跨越了她能做的界線。我幾乎感到訝異，法官居然沒有對她下禁令。但這也揭露了神的某些本質。神根本不在乎什麼正規模式。如果祂在乎的話，耶穌就會選擇法利賽人[2]來當祂的門徒。但那並不是耶穌想重視的人，耶穌更重視那個只為浸洗祂雙腳而闖進法利賽人聚會的妓女。耶穌更重視那個穿著三件式服裝爬到樹上只為看耶穌一眼的稅吏。耶穌更重視那為了幫助朋友，在人家天花板上開了洞的四個朋友。而在這個寓言裡，耶穌更重視那個讓法官不堪其擾的女人，因為她不停地敲門。

這幾個故事的共通性，就是人對神性的渴望。當人們用絕望時才會採取的手段去親近神，神就會因此回應他們。一切都沒有改變。神仍舊更重視那些絕望地闖進聚會和爬到樹上去的人。神仍舊更重視那些大膽強烈祈禱的人。而那個切求的寡婦，則成為一個用力祈禱的黃金典範。她不屈不撓的毅力就是公義與不公義之間的唯一區別。

我們祈禱的生命力，並不是依附在用二十六個英文字母拼湊出正確的咒語。其實在我們發出第一個音節之前，神就已經連最後的標點符號都知道了。事實上，跟祈禱的字彙比起來，祈禱的生命力跟祈求的強度比較有關。那是由聖靈本身所體現的，祂在你一生當中都會強烈、持續地為你調解、求情。

〈詩篇〉（聖詠集）三十二章七節是個一定要圈住的承諾：「你是我藏身之處；你必保佑我脫離苦難，以得救的樂歌四面環繞我。」

在你今早醒來的很久之前，以及在你今晚上床睡覺的很久之後，神的聖靈都已用得救的樂歌環繞著你。祂在你成形的那天就已經開始圍繞你，而祂將會一直圍繞你，直到你死去的那一天。祂用如同超音波一般、言語所無法表達的歎息，為你用力祈禱，而那些不可言喻的祈求，都會讓你充滿一股說不出的信念。神不是只以某種被動的狀態在你這一邊；神是用你所能想像最積極的狀態在你這一邊。聖靈為了你用力祈禱，而當我們跟神同一陣營、做一樣的事，我們就能啟動這份超自然的同步性。

2 編注：耶穌時代巴勒斯坦的黨派之一，以嚴守摩西律法及傳統著名。其中部分人士曲解法律、吹毛求疵，不受民眾歡迎，耶穌也曾加以指正。

第8章 實現夢想的魔幻數字

祈禱的堅持商數

在一般的數學測驗裡，日本學童總是比美國同齡小孩得到更高的分數。有些人認為，這主要是學童對數學的自然傾向所造成的差異，但是研究學者發現，這可能跟後天的努力更有關係，而不是天生能力的問題。在一個針對一年級生的研究裡，學生們會拿到一個困難的題目來解。研究學者並不在意孩子們是否能把題目解開，他們只是想看看孩子們會嘗試多久才放棄。美國小孩平均堅持了九．四七分鐘，日本小孩則堅持了十三．九三分鐘。[1] 換句話說，日本小孩嘗試的時間比美國小孩多了百分之四十。那麼，他們在數學考試裡拿到高分，會很奇怪嗎？研究學者總結說，數學分數的差異也許跟智商較沒關係，而是跟堅持商數（Persistence Quotient，簡稱 PQ）有關，只是因為日本的一年級學生更加努力嘗試而已。

那項研究不僅解釋了基本數學分數的差異；這背後的含意是，不管你在什麼地方，它都是通用的。不管是運動上或是學術上，音樂上或是數學上。一切都沒有捷徑，也沒有替代方案。成功是持之以恆的結果。

十多年前，美國認知心理學家艾瑞克森（Anders Ericsson）和他在柏林音樂菁英學院的同事做了一個關於音樂家的研究。在教授們的幫助下，他們把小提琴手分成三個群組：世界級的獨奏家，優良的小提琴家，和那些不太可能成為職業小提琴家的一般演奏者。他們全都在差不多的年紀開始拉琴，到了八歲時，他們也都練習了差不多的時間。在這個階段，他們的練習習慣開始有所不同。研究學者發現，到他們二十歲時，一般演奏者累積了大約四千個小時的練習時間；優良的小提琴家總共累積了八千個小時；世界級的演奏家至少都有一萬個小時的練習時間。[2]儘管不可否認地，內在的能力支配了你前半段的潛力，但是你的潛能只有靠持之以恆的努力才能發揮出來。「堅持」是個魔幻的子彈，而魔幻的數字大概就是「一萬」。

神經學家萊維汀（Daniel Levitin）這麼寫道：

> 從這類研究所得到的結果是，一萬個小時的練習是在所有事情上，成就世界級大師水平的必要條件。在研究之後的研究裡，不管是作曲家、籃球員、小說家、溜冰選手、鋼琴演奏家、棋手、智能犯，以及其他族繁不及備載的行業裡，這個數字會一再地出

1 Malcolm Gladwell, *Outliners*（New York: Little, Brown, 2008）, 249.

2 Gladwell, *Outliners*, 38-39.

現……還沒有人能找到任何一個情況，可以在更少的時間內達成真正世界級的專業水準。看來，大腦就是需要這麼長的時間來吸收它所需要知道的一切，來達到真正的大師級水準。3

既然如此，在祈禱上有什麼不同嗎？

那是一個需要培養的習慣，那是一個需要發展的規範，那是一個需要練習的技巧。儘管我不想把「用力祈禱」簡化成必須花費的時間數，但是如果你想要達到大師級的水準，那可能會花上一萬個小時的時間。這點我可以確信：夢想越大，你就得更努力地祈禱。

絕對不會失敗的選項

在那場差點摧毀何尼年代的旱災發生前幾個世紀，以色列發生過另外一場旱災。那時，以色列有長達三年的時間都沒有水窪可踩。之後，神承諾以利亞，祂會帶來雨水，但是跟每一個承諾一樣，以利亞還是必須用持之以恆的祈禱來圈住這個承諾。於是以利亞爬到迦密（加爾默耳）山頂上，趴在地上祈雨。他叫他的僕人往海邊看了六次，但是都沒有下雨的徵兆。通常在這時候，我們大部分人就會放棄。我們會停止祈禱，因為我們不能用肉眼看到任何明確的變化。我們讓自己所處的情境介入我們跟神之間，而不是把神放在我們和自己所處的情境中間。

就像何尼說的「我將不會離開這個圓圈」，以利亞也堅守他神聖的領域。他站在神給他的承諾上面。我想，如果需要的話，以利亞大概也會祈禱一萬次，但是在第六次和第七次的祈禱之間，空氣中的氣壓產生了微妙的變化。在第七個圈之後，以利亞那個視力不好的僕人睜開眼睛使勁地看，看見天空中有一片和男人手掌差不多大的小雲朵，從海上飄過來。

我不禁想問一個反事實理論的問題：假設以利亞在第六個圈之後就停止祈禱呢？很明顯的答案是，他會失去那個承諾，遏止了奇蹟發生。但是以利亞不顧一切地祈禱，於是神也不顧一切地回應。接下來天色轉黑，貧瘠的平地上颳起強風，乾旱了三年的第一滴雨水落了下來，而且還不是濛濛細雨，而是傾盆大雨！[4]

放棄夢想、放棄奇蹟、放棄承諾是很容易的。我們失去愛心、失去耐心、失去信心。就像慢慢地漏水一樣，這樣的情況發生時，我們根本沒有察覺，直到我們的祈禱生活乾枯死寂。

最近，我發現自己已停止環繞一個祈禱圈，那是我幾年前在為期十天的五旬節期

3 Daniel Levitin, *This Is Your Brain on Music: The Science of a Human Obsession*（New York: Penguin, 2007）, 193.

4 參見〈列王記上〉十八章四十五節。

間，寫在我的祈禱石上、我所祈求的七個奇蹟之一。我曾經相信神會治癒我的氣喘，但是我已經厭倦祈求。神好像已經把我切換到保留通話，於是我就直接掛上電話。在那之後，我跟一個朋友的談話重新啟動了我的信心，因此，我再次開始圈住那個奇蹟。

有什麼夢想，是神想要讓它起死回生的嗎？有什麼承諾，是你必須再次重申的？有什麼奇蹟，是你必須再次開始相信的？

很多人之所以會太快放棄，是因為如果神沒有回應我們的祈禱，我們就感覺自己已經失敗了。其實那並不是失敗，你失敗的唯一方式是**停止祈禱**。

祈禱是不會失敗的選項。

不疑惑的人生

約翰和海蒂經歷過祈禱的美妙回應。他們是我寫作期間幫我祈禱的祈禱圈成員之一，他們也參與了那個祈求兩百萬奇蹟的祈禱圈。他們為別人所做的祈求，神都給了美妙的回應，但是他們針對自身挑戰所做的許多祈求，卻都沒有得到回應。他們嘗試跨入影片製作的世界，最後卻因為財務資助沒有如期到位，而賠上他們畢生的積蓄。一場大火，讓他們的家庭必須搬出自己的房子。在四年之間，他們彼此的雙親四個就失去了三個。一場罕見的遺傳疾病，更造成他們生理上、情緒上和財務上的嚴重耗損。有時候，神好像回應了他們的每一個祈禱，但就是沒回應他們為自己所做的祈禱。

有些時候他們受到嚴酷的試煉，想要放棄祈禱，但是有一個承諾一直支持著他們度過那些最艱困的時期：「那對我不疑惑的人，多麼有福啊！」5

以下是關於這個承諾的故事：耶穌到處施展奇蹟，他治癒疾病、驅走魔鬼、讓盲人重見光明，然而施洗者約翰（洗者若翰）卻錯過了這一連串的奇蹟。耶穌看似拯救了所有人，卻沒有拯救他最忠心的跟隨者，讓約翰繼續身陷牢獄——即使約翰是他的表兄弟。看起來，耶穌可以、也應該組成一個救援組織，在約翰被砍頭前救他出去。但是他沒有。他透過約翰的門徒傳達了一個訊息，他讓他們告訴約翰他正在施行的所有奇蹟，然後祂要他們傳達這個承諾：「那對我不疑惑的人多麼有福啊！」

你是否曾經感覺到，神在為所有人施展奇蹟，卻只有你獨獨被遺漏？你是不是覺得，神好像對所有人都兌現了祂的承諾，唯獨將你排除在外？

我不知道那是否就是施洗者約翰的感受。

當你感覺，神好像回應了每個人的祈求，卻獨獨沒有回應你的時候，你要怎麼辦？

我有些朋友經歷過很多祈禱沒有得到回應的體驗，對此他們說：「我們試著過自己的生活，不因神而疑惑。耶穌承諾，我們如果沒有疑惑，那就有福了——當然，我們並

5 參見〈路加福音〉七章二十三節。

不是在監獄裡等著被砍頭。我們已經看到很多神的回應了，神回應了那些我們為別人的經濟狀況、健康狀況和他們小孩的祈禱。不過，如果是關於我們自己生活的祈求，這個嘛……」

那就是我們多數人最常停留的地方——那個標點符號，我們稱之為「刪節號」。刪節號用在演說中的一個停頓，或是代表一個未完成的思緒。當我們等待神回應一個祈禱，那就是一段刪節號的時期。

你可以選擇放棄或是堅持。你可以選擇放手或是不顧一切地祈禱。你可以因為神而氣餒或是不因神而疑惑。

當約翰和何尼處在他們生命中的刪節號時期的時候，讓他們能夠繼續撐過來的，就是跟基督之愛的新鮮連結。救世主在十字架上的磨難能激發他們、激發我們去堅持，去不顧一切地祈禱。即使是處在最黑暗的日子裡，我們不僅是活在十字架的庇蔭之下，我們還活在復活的光芒之下。於是我的朋友選擇了不疑惑的人生：「不疑惑地活著，不是類似坐禪那樣的經歷。那是信服於祂的全能、神秘，在祂的愛之下活著。耶穌承諾，如果在祂為別人施展神蹟時，我們不因此心懷疑惑，我們就有福了。如果祂為別人成就了什麼，祂或許也會同樣對待我們。我不知道神為什麼那麼做。我只知道如果我沒有祈禱，那些事物百分之百不會得到回應。」

我喜愛那樣的祈禱方式和那樣的生活方式。那是畫圈人的名句：如果我沒有祈禱，那些事物百分之百不會得到回應。

兩個層次的信仰

在刪節號期間，要堅持著保持希望是很困難的。但是，每當我受到艱難試煉、想要放棄時，我都會想到一位老牧師的講道內容，那次的標題是「神的文法」。我已經忘了我聽到的大部分講道內容，雖然那對一個講道者來說是有點令人沮喪，但是其中有句話是很令我難忘的：「千萬不要在神畫句點的地方畫上逗點，也千萬不要在神畫逗點的地方畫上句點。」

有時候，我們認為是句點的，事實上只是個逗點。我們以為神的沉默就是句子的結尾，但那只是神的一個停頓。不顧一切地祈禱，是讓神不只是完結句子，還要造出句子的連結。

主啊，要是你在這裏，我的弟弟就不會死！但是我知道，甚至是現在，無論你向神求甚麼，祂一定賜給你。6

6 參見〈約翰福音〉（若望福音）十一章二十一至二十二節。

你抓到那個連結了嗎？這是聖經裡最神奇的虔誠話語之一，只因為句子正中間的一個小小的連結「但是」。在馬大（瑪爾大）說「主啊，要是你在這裏，我的弟弟就不會死」之後，這個句子看起來應該已經完結了。為什麼？因為她的弟弟拉撒路（拉匝祿）已經死了四天了！但是馬大並沒有在那裡放上句點，她放了一個逗點。即使她的兄弟已經死了，也已經埋葬，但她仍舊懷抱著希望。

在我的聖經裡，那句「甚至是現在」被畫上底線，還被圈起來。即使看起來神好像遲了四天，現在放棄還是太早了。即使看起來你的夢想已經死了，也已經被埋葬了，現在畫上句點還是太早了。畢竟，你絕對永遠有時候不會知道接下來會發生什麼事。

馬大說的那段話蘊藏著兩個層次的信仰。前半段「主啊，要是你在這裏，我的弟弟就不會死」是**第一層次的信仰，是防範未然的信仰**。就像馬大的祈禱，她相信耶穌可以防止她的弟弟死去，第一個層次的祈禱者是為了採取防範措施。我們請求神阻止不好的事情發生，所以我們祈求旅遊的時候能夠安全，或是為我們的小孩祈求一道保護的籬笆。那樣並沒有什麼不對。但是，還有另一種層次的信仰，相信神能夠扭轉已經發生過的事。**第二層次的信仰，是起死回生的信仰**。那是一種「拒絕在失望的結尾畫上句點」的信仰；那是一種相信神能反轉一切不可能的信仰；那是一種相信在神說結束之前，一切都還沒結束的信仰。而這一點，在馬大的「甚至是現在」信仰方式中完全地體現出來：「但是我知道，甚至是現在，無論你向神求甚麼，祂一定賜給你。」

你曾經感覺到，神遲了一天或是少給了一塊錢嗎？

那就是比爾連續十二年應徵同一個工作的感受！他一直夢想在州立政府工作，但是那個夢想連續十一年都遭到否決。他大可以在第二次、第三次或第七次被否決後，直接為夢想畫上句點，而且他的朋友和家人也覺得他應該這麼做，但是，當一個夢想來自於神，它是擁有九條以上的生命的。比爾擁有的第二層次的信仰，讓他可以在挫折中不顧一切地祈禱。他從來沒有在神畫上逗點的地方，畫上句點。最後，在他第十二次繞行他的耶利哥城之後，比爾打敗了其他一千兩百名申請者，得到了那份工作。

那麼，要如何從第一層次的信仰到達第二層次的信仰呢？答案並不簡單。只有艱難的環境能教導我們用力祈禱。即使申請被拒絕了，或是領養失敗了，或是生意破產了，你還是在那裡畫個逗點。**甚至在那個時候，你仍然要相信「甚至是現在」**。如此一來，在那些刪節號的日子裡，你的堅持商數將會逐漸遞增。

建立超連結

即使在乾旱三年之後，即使在絕望的嚴重發病之後，以利亞仍然相信神**甚至現在**還是會帶來雨水。

我不禁猜想，畫圈人何尼是不是受到以利亞七次祈雨的故事所啟發。我在猜，以色列祈雨的始祖，是否就是何尼兒時崇拜的英雄呢？我也猜想，何尼祈禱的毅力是不是和這個奇蹟建立超連結了？**如果神為以利亞成就了，祂就必為我成就**。依此推論，我不禁猜想，以利亞祈禱的毅力是否跟天降鵪鶉也有超連結？如果神能送來一陣鵪鶉風暴，祂必定也能送來一場雷雨風暴。

可以肯定的是：我們最有力的祈禱，一定都是跟神的承諾建有超連結的。當你知道你在祈求的是神的承諾，你就可以充滿神聖信心地祈禱。那就是在薄冰上祈禱跟在實地上祈禱的不同。那就是試驗性的祈禱跟篤定的祈禱之間的不同。你不需要一再質疑自己，因為你知道，神要你在祂承諾的按鍵上點兩下。

在約翰和海蒂試著不因神而疑惑地活著的過程中，其中一個挑戰跟他們的兒子有關。他們的兒子在襁褓時期還很正常地發展，直到有一天，他突然神秘地失去了所有溝通能力。他們不知道他是否會再開口說話，他們也害怕聽到各種不同的診斷結果，譬如高度自閉症，那讓他們不禁無助地下跪。

在那段絕望的日子裡，他們去找他們的牧師，尋求建議和激勵。牧師在幫他們祈禱時得到了神的承諾。牧師在一張立可貼便條紙上，寫下〈以賽亞書〉（依撒意亞）五十九章二十一節的內容，交給他們。

耶和華說：「至於我與他們所立的約，乃是這樣。我加給你的靈、傳給你的話，必不離你的口，也不離你後裔與你後裔之後裔的口，從今直到永遠。」

牧師闔上聖經，說道：「我想這樣就可以了。你們的孩子將會開口說話。」

過去十年來，他們的祈禱都跟那個承諾建有超連結。那個時候，據約翰和海蒂說，「一道牆坍塌了下來」、「一份承諾湧了進來」。那是他們生命中最自然地超自然的時刻。從那之後，他們就一帆風順了嗎？並沒有。他們有經歷過失望嗎？有。但是那個承諾已經圈在他們的聖經裡。「神給我們一個承諾，所以不管我們必須持續圈繞多少次，這都已經決定好了。」

你是否聽過那句名言：「神說話，我就相信它，而那就安排好了一切。」在這裡，我們對這個古老真理有個新的體現：**神說話，我就圈住它，而那就安排好了一切**。

當耶穌說「結束了」，一切就都在十字架上安排好了。那不只是我們償還罪惡的結束，也是祂兌現所有承諾的開始。「神一切的應許，在基督身上都成為『是』了。」[7]

記得我在國會山散步祈禱時，圈著〈約書亞記〉（若蘇厄書）一章三節的那個承諾嗎？神承諾約書亞，他走過的任何一片土地，神都會賜給他們。但是那個承諾裡有個小小的附加說明：「就如同我承諾摩西那樣。」那個承諾原本是給摩西的，然後它傳承

7 參見〈哥林多後書〉（格林多後書）一章二十節。

給了約書亞。神差不多是以同樣的方式，將所有的承諾經由耶穌基督傳承給了我們。雖然這些承諾必須加以智慧地詮釋和精準地應用，但有時候聖靈會催化你的心靈，讓你去祈求一個原本是給另一個人的承諾。因此，儘管我們應該要小心，不要盲目地祈求那些不屬於我們的承諾，但是我們最大的問題，乃是沒有圈住那些我們可以圈住、或是應該要圈住的承諾。

最保守的估計，在聖經中約有超過三千個承諾。耶穌基督在十字架上的成就，就是讓這每一個承諾都屬於你。每一個承諾上面都有你的名字，問題就在於：**這些承諾當中，你圈住了幾個？**

樹島的比喻

將我們的祈禱跟神的承諾建起超連結，這個原則是很重要的，所以，且讓我畫出另一幅景象。神的承諾是高地，是神聖之地，我們都站在那上面。圈住那些承諾，就是我們堅固腳步的方式。

我有個朋友，他在維吉尼亞州中部的安娜湖（Lake Anna）旁邊有個木屋，他很好心地讓我們到那裡度假了幾次。在我們第一次去的時候，我的女兒薩孟和我在六個星期後要參加舊金山的「逃離惡魔島游泳大賽」（Escape from Alcatraz），因此我們換上了泳衣，做了點游泳訓練。那片湖的中央有棵樹，激發了我們的好奇心。我從來沒看過這樣的景象，因此我們決定游泳到那邊去。那片湖的直徑不超過五呎，而且很顯然地，那棵樹是在湖中央的島嶼上生長的唯一一棵樹。我不知道它怎麼會長在那裡，你也可以在谷歌的網路地圖（Google maps）上面直接看到它。

在我們游泳的時候，蘿拉帶著裘夏到船後面的小艇上。在我們接近那個樹島的時候，我叫他從小艇上跳下，游到我這裡來，但是裘夏很害怕，因為我們已經在湖中央了。跟大部分的八歲小孩一樣，裘夏在游泳池的淺水端會感覺比較自在，因為他可以見到游泳池底。他不知道的是，其實隨著我們越靠近樹島，那片湖的湖水已越來越淺。我可以用腳感覺到湖底，但是其他人還是認為湖水很深，只因為我們在湖水中央。然後，我做了一個很戲劇化的動作，整個人在湖中央倏地站起來，那畫面看起來就像是我站在水面上一樣！這時裘夏就知道湖水並沒有他想像的那麼深了，他從小艇上跳下來，游到島邊，然後，他也站在水面上！那個時刻不只是一個有趣的家庭記憶，那是我每次想到自己站在神的承諾上時，我心裡會浮現的景象。

神的承諾，就像那個湖中央的樹島。它區分了沉溺和游泳之間的不同，因為它讓你有**立足之地**。當約翰和海蒂覺得他們已經快溺水了，那段〈以賽亞書〉的話語就是他們的樹島。它給了他們立足之地，一個休息的地方。當神守住祂的承諾，你就不會只是站在水面上；你會跳著華爾滋，通過神分開的海水，滑進那片應許之地。

開始畫圈

我接下來要分享的，能夠革新你祈禱的方式和你閱讀聖經的方式。我們經常把祈禱和讀經看成兩個獨立的靈性行為，沒有太多交集。但如果說，它們是註定要互相超連結的呢？如果閱讀變成一種祈禱的形式，而祈禱變成一種閱讀的形式呢？

我們沒辦法做到不顧一切地祈禱，主要原因之一是因為我們沒有話說了。實際上，我們沒有堅持下去，就是因為缺乏談話內容，就像我們不知道要說什麼的尷尬對話，或是像一段慢慢乾枯的對話，不知道該說什麼好。這時，我們的祈禱會變成一堆過度使用和錯誤應用的陳腔濫調。因此，我們無法用力祈求一個偉大的夢想，反而只剩下一些浮泛的聊天。於是，我們的祈禱就跟談論天氣的對話一樣毫無意義。

解決之道？用聖經祈禱。

祈禱一直都不應該是獨白，它應該是對話。把經文當作神那部分的劇本，而祈禱就是我們的部分。經文是神開啟與人對話的方式，而祈禱就是我們回應祂的方式。當你發現聖經並不是用來讀的，而是用來祈禱的，那麼你原本的祈禱模式就會轉變。當你用聖經來祈禱，你就再也不會找不到話題了。

聖經是一本承諾之書，也是一本祈禱之書。閱讀是反應的動作，祈禱是積極的動作。閱讀是你貫徹聖經的方式，祈禱是你讓聖經貫穿你的方式。你在祈禱時，聖靈會加速某些承諾到你的心裡。要預知何物、何時、何地、如何，是很困難的，但是隨著時間過去，神的承諾會變成**你的**承諾。然後你必須抽象而實際地圈住那些承諾。我閱讀聖經的時候，總是會帶著筆，這樣我可以隨時畫線、畫星號，和打圈。我真的會在聖經裡的承諾上畫圈圈。然後我會再透過祈禱來圈住它們。

我最珍貴的私藏品，就是我祖父的聖經。有時候我會鑽研他的聖經，因為我想要看看被他畫線的句子。我喜歡閱讀他寫在空白處的筆記，我也喜歡看他圈起來的承諾。他的聖經讓我最愛的一點就是，它真的需要被黏合起來，因為它已經破損不堪。它不只被好好閱讀過，也已經被好好祈禱過。

第9章 在荊棘中聽見神的聲音

放心讓神為你完成艱難的事

第一次看到那間破舊的廢墟[1]時，我非常驚訝，距離國會大廈才五條街道遠的地方，居然有那樣破爛不堪的建築。煤渣空心磚填滿了原本是門窗的空間，磚砌的牆壁漆著醜陋的綠色，那個顏色大概曾經流行過，但很快地在好幾十年前就已經退流行了。牆上的塗鴉剛好為這間荒廢的空屋做了合適的點綴。

我之前就經過這裡好幾百次了。事實上，在我十五年前用祈禱圈繞行國會山的時候，我就從第二街和F街的街角走過。但是這一次，當我步行經過它時，聖靈在我心中勾勒出一個夢想：這個廢墟可以變成一間很棒的咖啡屋！

有很多原因讓這個夢想看起來像個瘋狂的想法。首先，在我們的同工裡，完全沒有人曾在咖啡屋工作過。除此之外，教會該建的是教會，而**不是**咖啡屋。我們沒有任何理由開始經營一間咖啡屋。然而，我越想這件事，它就越奇妙地似乎有它的道理。畢竟，耶穌並不只是待在會堂裡，祂也會去水井邊閒晃，而在古老的文化裡，水井邊自然是聚會的場所。一天，我突然想到咖啡屋就是後現代的水井。唯一的不同在於，我們在那裡汲取的是濃縮咖啡，而不是井水。

於是，打造後現代的水井，讓我們的教會可以在那裡與社會大眾交集的夢想，就此誕生了。如今那個夢想，已經由每天好幾百位進入咖啡屋大門的客人實現了。「以便以謝咖啡屋」被票選為華盛頓特區裡排名第一的咖啡屋[2]，這個空間成為我們七個教會據點其中之一。此外，咖啡屋擁有的六位數淨利收入，每一分錢都是投注在地方社區計畫和我們在其他國家推動的人道活動上面。那不只是一個奇蹟，那是奇蹟的平方再平方。

現在，讓我回溯這個夢想的圓圈。

夢想成真的過程

讓咖啡屋看起來像個瘋狂點子的原因之一，就是我那個夢想剛形成的時候，全國社區教會才剛起步。我們幾乎沒什麼人力或資金，但那正是一個向神祈求的最佳時機。我們**用力祈禱**了將近八年。我們把手放在牆上祈禱，我們跪在土地上祈禱，我們禁食祈

1 編注：此處提到的廢墟（crack house）是指社區裡廢棄已久的空屋，因無人管理，常被毒販當成交易毒品的場所。

2 這是《AOL City Guide》雜誌於二〇〇八年舉辦票選的投票結果。

禱。我都已經數不清我們繞著那個破舊的廢墟祈禱了多少次。

我受到耶利哥奇蹟的啟發，經常一次繞行那個地方祈禱七圈。通常在第四或第五圈的時候，街道對面的聯邦司法大樓（Federal Judiciary Building）的警衛會用異樣眼光看我。他可能在想：這個人在查什麼毒品交易嗎？現在，那些警衛中有很多人都已成為我們咖啡屋的常客。我已不再繞著那個地方祈禱，我現在最喜歡的祈禱地點是以便以謝咖啡屋的屋頂。我爬上梯子，打開天窗，然後在屋頂上面祈禱——因此，我還是會感受到對街高樓層辦公室裡的人投射過來的異樣眼光。我們不只一次收到詢問：為什麼屋頂上有人來回踱步？

你有一個喜歡的地方可以用來祈禱嗎？你有一個能收到更好信號的地方嗎？你有一個心靈能更加專注的地方嗎？你有一個能獲得更多信念的地方嗎？

我喜歡在咖啡屋的屋頂上祈禱，因為我感覺好像站在一個奇蹟的上頭祈禱。當你在一個神已經施展過奇蹟的地方祈禱，你很難不帶著信念祈禱。

我不知道那是不是以利亞在迦密山上祈雨時，他心裡的感受。神就在那裡回應了一個不可能的祈禱。以利亞在迦密山上挑戰四百五十名先知，展開一場祈禱對決，兩邊都祈求神用火焰接受他們的祭品。以利亞戲劇性地贏得了那場對決，因為神燒盡了他的祭品。[3]那個降下火焰的神，當然也可以送來雨水，對吧？神給以利亞的回應，讓他有了必要的信念去用力祈禱。那就是「得到回應的祈禱」的副產品。那會給我們信念，相信神會創造更大、更棒的奇蹟。隨著我們的祈禱被一一回應，我們會畫出更大的祈禱圈。隨著我們所做的每一個信實行動，我們的信念也會增加。隨著每一個承諾逐漸被兌現，我們的「堅持商數」也會隨之成長。

當我回頭看，我很慶幸咖啡屋花了我們八年的「用力祈禱」，因為它在過程中擴展了我們的信念。當你必須祈禱那麼久的時候，你根本不會把一切視為理所當然。這聽起來可能是常識，但是老實說，如果它不需要一個奇蹟，那就不會是奇蹟了。

原本擁有F街二〇一號的那兩位律師要求我們以一百萬美元買那間廢墟，原因就是地點，地點，地點。那間廢墟距離聯合車站只有一條街道，斜對角就是市中心最大的辦公大樓，裡面有證券交易委員會（Securities and Exchange Commission）。

我們無法動用一百萬美元，因此我們祈禱，而我們祈禱地越認真，那價格就越下跌。最後，我們用三十二萬五千美元買到那塊地，但是這其中奇蹟所佔的比例，還比不上有四個人開出比我們更高的價格這個事實，而且他們其中兩個人還是地產開發商！

所以我們是如何得到它的？

我唯一的解釋，是我們圈住了神的這個承諾：「凡你們在地上所捆綁的，在天上也要捆綁。」[4] 我們的祈禱是跟這個承諾建有超連結的，而我們靠著用力祈禱，在那上面

3 參見〈列王記上〉十八章三十八節。
4 參見〈馬太福音〉（瑪竇福音）十八章十八節。

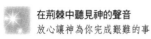

按了兩下。

綑綁（bind）在這裡的意思是「和某件事物簽下契約」，這就是你在祈禱時真正會發生的事。當你在人世間祈求某事物，如果你是依照神的旨意所祈禱的，神會在天國為它定下契約。因此，二〇〇二年二月七日是我們簽下實體契約的日子，但是我們屬靈的契約早在好幾年前就簽下了。那筆交易可以回溯到我們在它周圍畫下第一個祈禱圈的時候。

有趣的是，當年在天降甘霖之後，何尼因為他的祈禱拯救了一個世代的人而受到尊崇[5]，於是評議會寄給他一封信，其中引用了〈約伯記〉（約伯傳）二十二章二十八節的詩句：「你定意要做何事，必然給你成就；亮光也必照耀你的路。」他們承認了何尼祈禱中的契約力量：「你已經在下面（凡間）下定決心，神會在上面（天堂）實現你的話語。」這段話跟耶穌在我們上面提到的那個承諾是很相似的。有很大的可能性是，耶穌很清楚畫圈人的傳說，因為歷史時間很接近。誰知道呢，也許耶穌在定下承諾的時候，心裡正想到了何尼。

看著，等著

聖經告訴我們，神在看顧著祂的話語一一實現。

神最愛的，莫過於實現祂的諾言。祂積極地看著、等著我們單純地相信祂的話，倚靠祂。[6] 祂看顧著〈馬太福音〉（瑪竇福音）中的承諾，祂看顧著〈以賽亞書〉（依撒意亞）中的承諾，祂看顧著〈路加福音〉中的承諾。祂看顧著祂給我們的每一份承諾，而如果那還不能讓你對祂充滿信心，那就沒有什麼事情可以了。

用力祈禱，就是站在神的承諾上面。當我們站在祂的話語上面，神就會站在祂的話語旁邊。祂的話，是我們與祂的連繫。

有時候我們祈禱，會以為神不想遵守祂的承諾。可是你根本不知道，其實神有多麼想要實現承諾！那就是為什麼當初祂要做出那些承諾的原因。有時候我們祈禱，會以為那些圈住神的承諾的大膽祈禱，可能會冒犯當初立下那些承諾的神。你在開玩笑嗎？如果你沒有做到這樣，那才會冒犯神！神想做的，就是透過遵守祂的承諾來證明祂的能力。但是我們質疑祂，因為我們質疑我們自己。我們沒有要求神展開祂的手，是因為我們不懂祂的心。

〈詩篇〉（聖詠集）八十四章十一節就抓到了天父的心：

---

5 Jacob Neusner, *The Rabbinic Traditions about the Pharisees Before 70: The Houses* (Leiden: Brill, 1971), 179.

6 〈馬太福音〉（瑪竇福音）八章八節是這種信仰的極佳範例。那個羅馬百夫長並沒有請求耶穌前來治癒他的孩子，他只說「只要你說一句話」。他內心相信神的話語是與祂結合的。後面也說耶穌聽見這話「非常詫異」。如果你能讓神子感到稀奇，那你就做到很了不起的事了。

他從不留下一樣美好的事物
不賜給行為正直的人。

神不會拿出來又收起來。把任何美好的事物收起來不給我們，並不是祂的個性。祂頂多不祝福那些不順從的人，但是祂肯定會給那些服從的人許多福分。如果你相信祂的話語，那麼單單是倚靠祂，你就會很欣喜地發現，神想要給你的福分遠超過你所想要的，祂給予的能力遠超過你接收的能力。

我想，我大概是從我媽媽那裡遺傳到了送禮物的喜樂。我也有一點那樣的特質。一般來說，小孩子會央求他們的父母，讓他們在節日到來之前就先打開禮物，不管是生日或是聖誕節。我家卻不是這樣。我媽媽總是會主動要求我在日子來臨之前就打開禮物，因為她等不及要把它們送出去。現在，我也依照她的方式這樣對待我的小孩。父母央求孩子提早拆禮物，這看起來可能有點不對勁，但是這就是我們天父的心情。祂迫不及待想要實現祂的諾言，祂迫不及待想要展現祂的話語，祂迫不及待想要回應我們的祈求。而當我們相信祂的話，單純地倚靠祂，祂就能滿溢喜樂。

在〈詩篇〉（聖詠集）二十三章裡，我最喜愛的一句話是：「我一生一世必有恩惠慈愛隨著我。」[7] 這裡「隨著」這個字，並不是夠強烈的翻譯。在希伯來文，它是一個狩獵的術語。好像神要獵下你一樣——但不是要傷害你，神捕獵住你，是為了給你福分。祂想要讓你看到祂的恩惠和祂的慈愛，但是我們太常跑開。為什麼呢？因為我們懷疑祂的好意，我們不敢相信神是在我們這一邊的。這就是為什麼神必須在這麼多時刻，用各種不同的方式和言語提醒我們的原因。

圈住我們的孩子

如果你問我，我祈求什麼勝過於一切，那答案會是神的恩惠。雖然這很難描述或定義，但我想，所謂神的恩惠，就是神為你做那些你不能為自己做的事。我祈求神給全國社區教會恩惠。我祈求神為我寫的書帶來恩惠。我祈求神給我的孩子們恩惠。

在派克還是個嬰兒的時候，我圈住了〈路加福音〉二章五十二節，讓它成為一個祈禱的祝福。我用那段福音為我的孩子們祈禱了幾千次。幾乎每個晚上，我會用這個簡單的祈禱圈住我的小孩：「主啊，讓他們的智慧和身量，以及神和人對他們的喜愛，都不斷增長。」我知道這段經文並不是一個承諾，但是我這麼做，也是基於正確的神學立場。〈路加福音〉二章五十二節是耶穌幼年成長過程的縮時描寫，它告訴我們，應該要學著像耶穌那樣。既然如此，我為何不圈它？我為何不能將它轉變為一種祝福，用它

7 參見〈詩篇〉（聖詠集）二十三章六節。

為我的孩子們祈禱？

我相信神在看顧著我的孩子，就像祂在看顧著祂的話語。祂一眼看著〈路加福音〉二章五十二節，一眼看著我的孩子。祂同時看著兩邊是沒有問題的。祂一邊看著，一邊等待著能幫助祂的孩子的機會。

我身為父親的責任之一，是不只用祈禱圈住我的孩子，還要教導他們如何去圈住神的承諾。父母是孩子們的先知，而我們身為先知的部分責任就是要了解經文，並且充分了解我們的小孩，以便知道他們需要圈住什麼樣的承諾。裘夏最近在一些恐懼中掙扎不已，因此我們圈了〈腓立比書〉（斐理伯書）四章四至八節。我一直在祈禱著，希望神那超乎所有理解範圍的平靜，能在耶穌基督裡守護裘夏的心和靈。我的床邊禱告一直都跟這個承諾建有超連結。於是我們透過這樣的祈禱，就圈起了經文。這樣一來，經文也就圈住了我們。

我們的朋友丹尼和朵娜是國會山一個鄰近教會的牧師，幾年前他們告訴我，神感召他們要為他們的孩子做點事情，於是他們挑出了一些描述和規範他們孩子的字眼，然後將那些字用畫框裱起來，掛在他們的房間裡。他們不時懷疑這些字到底有沒有意義，但是他們最大的女兒——現在已經長大，也搬出家裡了——最近告訴他們說，有些夜晚在她睡不著時，她可以在牆上看到這些字，而它們會對她說話。那些裱起來的文字也開始框起她，她開始在神所賜予的身分和命運的光芒中看見自己。

蘿拉和我很喜歡這個想法，因此我們也為女兒薩孟這樣做。在薩孟最近一次的生日之前，蘿拉募集了薩孟的兩個阿姨來幫忙列出一些能對薩孟的生命有意義的預言文字。他們每個人都挑了三個字，然後在一個特別的生日晚餐中跟大家分享。然後我們請一個美術設計師幫忙把這九個字製成一張海報。每一個字都用不同字體呈現，而這些不同的字體，代表著她命運的九種不同面向。那張海報掛在薩孟的房間裡，提醒著她在基督裡的真正身分。

就像我在聖塔莫妮卡街上的星巴克裡定義了成功一樣，這九個字也定義了我們在薩孟身上所看到的基督性格。這九個字是我們會用我們的一生為薩孟祈禱的九個預言。將它們放到海報上，是一種圈起它們的形式。

住荊棘中上主的喜悅

我活得越久，就越渴望神的恩惠。生命中最美妙的時刻，就是當神為了我們而介入，並且超越我們期望或值得地祝福我們。那是祂的威能的微小見證。這些充滿恩惠的時刻，會成為我們最愛的記憶。

我絕對不會忘記二〇〇一年八月十二日那天。

全國社區教會那時是一個成立五年的年輕教會。在華盛頓建立一個教會，就像是在堅硬石塊的地上耕耘，是很不容易的。我們花了五年的時間，才從核心的十九人成長到兩百五十人。接下來的發展，就像是神宣布了「現在就是接納上帝恩惠的時刻」[8]一樣。

《華盛頓郵報》（*The Washington Post*）的一個宗教線記者要求採訪我們，因為她很好奇我們教會的成員組織。她著手編輯了一篇關於我們如何觸及年輕族群的文章，她告訴我，那篇文章會刊載在宗教專欄裡。那天早上，我在前往聯合車站的路上，拿起了一疊兩吋厚的星期天特刊，我很快地翻到宗教專欄。當我沒有找到那篇文章時，我頗為失望，以為它沒有被編輯採納刊載，因此我把報紙放回書報攤上，因為如果我們的文章沒有在裡面，我就不打算買它。就在那時候我才發現，那篇文章是刊在頭版上！

那天，神將全國社區教會放到地圖上了。我們花了五年才成長到兩百五十人，但是這次，我們才隔一年就讓人數加倍了。神就好像打開了恩惠的閘門一樣，幾百位讀者在讀了那篇文章之後，前來參觀全國社區教會。最美好的是，我們在這其中並沒有任何功勞。那完全是神的恩典，那是屬於神的時刻，那是神的恩惠，是神的話語，而且神在看顧著它。

我把聖經裡關於每個恩惠的句子都圈起來了，但是我個人最喜歡的，是摩西為約瑟說出的那段祝福：

> 願他的地蒙耶和華賜福，

得天上的寶物、甘露，以及地裡所藏的泉水；
得太陽所曬熟的美果，月亮所養成的寶物；
得上古之山的至寶，永世之嶺的寶物；
得地和其中所充滿的寶物，
並住荊棘中上主的喜悅。9

你發現最後一句的「喜悅」了嗎？神的喜悅是多面向的，但是這個面向可說是我最愛的一種：「住荊棘中上主的喜悅。」讓我高興的是，這個祝福是摩西自己說出來的。他知道他在說什麼，因為他是在荊棘中聽見神的聲音的人。

用力祈禱之所以困難，在於你要放心讓神去完成艱難的事情。你必須相信，神想完成你不能自己做到的事情。你必須相信，神會改變人心，即使是法老王的心。

圓滿的圈

讓我回到那個圓圈上，回到那間破舊的廢墟。

8 參見〈哥林多後書〉（格林多後書）六章二節。
9 參見〈申命記〉三十三章十三至十六節。

我們為F街二〇一號那間破舊的廢墟祈禱了好幾年之後，我才終於鼓起勇氣，撥通了出售告示牌上面的電話號碼。我覺得很愚蠢。我要說什麼呢？「你好，我在一個沒有教友也沒有資金的教會裡擔任牧師。我們想要買你那間廢墟，將它改建成咖啡屋。」那聽起來像是個很荒謬的想法，我覺得在他們聽起來可能會更荒謬。然而，不管你相不相信，那就是神要我說出來的。

我知道土地的持有人是兩個律師，他們兩個都是猶太人，可能不會理解或喜歡我們，也可能不會喜歡我們教會想做的事。但是我感覺到，神要我謙遜但大膽地跟他們說我們是誰，以及我們想要做什麼。於是我毫不保留。我祈求神的恩惠，然後我就像在跟我們的會友做分享一樣，跟他們分享了我們的願景。接下來你猜到了嗎？他們很喜歡！我對他們這種反應的唯一解釋，就是住在荊棘中上主的恩惠。

「住在荊棘中上主的喜悅」是神的恩惠的獨特面向，它讓你能夠面對那些本來會反對你的人，如今他們反常地閃開了，或是站到你的後面去支持你。當摩西站在法老王面前時，住在荊棘中上主的喜悅也是這樣展現出來。它讓一個外面貼滿通緝令的奴隸擁有勇氣，宣示神在荊棘中給他的承諾：「放我的子民走。」[10]

購買第二街和F街的那塊土地，是我們建立以便以謝咖啡屋的過程中所經歷的第一個奇蹟。我並不推薦這樣的風險，除非你知道那是出自聖靈的召喚，但是我們買下那塊地時，我們知道，如果要建立咖啡屋，我們需要重劃分區。如果地區重劃的計畫沒有成功，我們的夢想就會泡湯。在那段長達十八個月的時間裡，從歷史保存處、計畫辦公室到國會山重建委員會，我們把能見的人都見過了。總之，我們擁有了很龐大的社區支持。畢竟，我們要投資三百萬元，把一個被用來交易毒品的廢墟改建成一間咖啡屋。

但是在我們重劃的過程中，一些有影響力的鄰居因為對我們的計畫有些錯誤的解讀，決定反對我們的地區重劃計畫。我在網路上找到一個連結，看到他們在誹謗我們的動機。老實說，我有點生氣。他們的反對，可能會扼殺我們打造咖啡屋的夢想，而我每次一想到這件事，我就越來越憤怒不平。就在那樣的時刻，我發現了一種祈禱的力量，就是為你生命中的那些法老王畫圈祈禱的力量。於是我幾乎是前所未有地、無窮無盡地祈禱！

我為那些鄰居祈禱了好幾個月，他們在地區重劃委員會召開之前，來到了我們的公聽會。我永遠不會忘記，當我們走進公聽會場，坐在位於走道兩旁的桌子面前時，我心中有什麼感受。對於那些反對我們的人，我完全沒有敵意，完全沒有！對於那些反對我們的人，我感覺到一種說不出來的憐憫，而且我一點都不擔心他們會說什麼或做什麼，因為我已經用祈禱圈住了他們。我也圈住了區域規畫的委員。最後，我們贏得了區域畫分委員會的全票通過，那是對住在荊棘中上主的榮耀，不但如此，那些反對我們的

10 參見〈出埃及記〉（出谷紀）五章一節。

人裡面，有一個人現在還是我們以便以謝咖啡屋的常客。

我不會說謊。區域重劃那兩年的考驗，不論在情緒上和精神上都非常地耗費心力，但那可以讓你增加你的堅持商數。當一切都結束了，我感激神讓我們遇到反對力量，因為那成功刺激了我們的決心，也讓我們教會更團結一心。這也同時教導我們，如何像一切都取決於神那樣地拼命祈禱，如何像一切都取決於自己那樣拼命地努力。我學習到，我們不必害怕敵人的攻訐，當我們用祈禱來反應時，那些攻擊反而是有益的。我們經歷越多反對，我們就必須越用力祈禱，而我們越用力祈禱，神就會成就越多的奇蹟。

第10章 拋下魚線，釣出奇蹟

用祈禱告訴神：該出場了

達拉斯（Dallas）神學院才剛成立不久，很快就因為破產而差點關閉。在一九二九年的畢業典禮前夕，全校教職員都聚集在校長的辦公室裡，祈求神的恩賜。他們圍成一個圈開始祈禱，輪到哈利．艾倫賽（Harry Ironside）時，他用一個簡單的何尼式祈禱，圈起了〈詩篇〉（聖詠集）五十章十節的內容：「主啊，我們知道千山上的牲畜都是祢的。請祢恩賜其中一些給我們，請祢恩賜金錢給我們。」

在我們提出祈求之後，到神回應我們之前，這中間的時間通常比我們期望的還要長，但是，神偶爾也會馬上回應。在達拉斯神學院教職員祈求的同時，一個一萬美金的回應立時出現了。[1] 關於這個回應，一個版本的解釋是，因為德州的一個牧場主人剛好

1 這個故事是真實的，但在細節上有些不同的版本。我透過自己找來的資料來講述這個故事。大部分版本都把那份禮物的來源歸給德州的農場主人，但是一些研究顯示，那有可能來自一個伊利諾州的銀行家。無論如何，神擁有千山的牲畜和一千個財庫裡的金錢，這點無庸置疑，而且真正的神蹟，是在於那份恩賜的金額和時間點。

賣出了兩卡車的牲畜，另一個版本說，這筆錢是來自伊利諾州的一個銀行家。不管是哪個版本，這都是神突如其來的恩賜，回應了這個祈求。

在他們向神提出祈求的那一刻，校長秘書敲了敲校長室的門，打斷了祈禱聚會。薛佛（Lewis Sperry Chafer）博士——達拉斯神學院的創辦人兼校長，他開了門，她就遞給他這個祈禱的回應。薛佛校長轉向他的好友兼同事哈利·艾倫賽博士，說：「哈利，主賣掉了牲畜！」

我最喜愛的童年記憶之一，就是我們開車從明尼阿波利斯（Minneapolis）到明尼蘇達（Minnesota）的雷德溫（Red Wing），在那邊和我的祖父母一起摘蘋果。我依稀可以聽到我的祖父哼唱著那首古老的詩歌「主有千山的牲畜」。

我不只相信神給我們的那個承諾，我每次在讀〈詩篇〉五十章十節的時候，都會聽到我的祖父哼著這首歌。儘管我也經歷過困難的財務危機，但是我也體驗過足夠的奇蹟。那讓我知道，如果神給了我們願景，祂一定也會為我們預備好一切。

再次祈求奇蹟

我永遠都不會忘記，我們簽約買下F街二〇一號的那一天。那一天之所以如此難忘，其中一個原因是合約定案的日子，剛好就是我的孩子裘夏出生的隔天。我們的地產經紀人還得特地跑到醫院來，讓我簽署文件。

我們花了幾分鐘的時間慶祝那個奇蹟，隨後我們馬上重新跪下，因為我們需要另外一個奇蹟。雖然得到了那個契約，但是我們心裡也很明白，我們並沒有現金可以支付頭期款。我們要在三十天的期限到來前，湊到百分之十的頭期款，否則那份合約就會無效作廢。

經過了二十九天，我們用盡各種方法，總共募集了兩萬五千美元，還缺少七千五百美元。我們不知道還可以去哪裡找這些錢，於是我們轉向神——擁有千山畜牲的主。我們知道，那個在國會山打造咖啡屋的夢想是神給的，所以我們圈住〈詩篇〉五十章十節的那個承諾，不斷地禱告。

隔天，也就是我們期限到期的前一天，我們收到從全國社區教會前教友寄來的兩張支票。這兩對夫妻最近才搬離了華盛頓，但是他們還沒有找到新的教會，所以他們繼續什一奉獻給全國社區教會。我後來發現，這其中一張支票的金額甚至比他們平常給的什一奉獻還要高，因為那次的什一奉獻是來自他們剛簽下的一筆新法律公司的收入。這兩對夫妻都不知道我們必須在二十四小時內湊到七千五百美元，但是神知道。這兩對夫妻都不知道他們單純循規蹈矩的行為，其實是我們的奇蹟，但是神知道。祂一直都知道。如果我們照著神的旨意去祈禱，祂永遠會有所預備。這兩張支票加起來的金額是多少？剛好七千五百美元！

懦夫對局

神應該很喜歡玩「懦夫對局」（Chicken Game）[2]，因為祂總是跟我們玩這個遊戲。祂習慣等到最後一秒鐘才回應我們的祈禱，祂要看看我們會臨陣退縮，還是不顧一切地祈禱。如果我們臨陣退縮，就會錯失奇蹟；如果我們不顧一切地祈禱，神就會回應，但那很可能要等到最後關頭。不過你不用擔心，如果你在這個對局中臨陣退縮了，祂總是會再給你一次機會回來玩這個遊戲。

這個最後一秒的神蹟，在聖經裡重複出現過好多次，我認為那揭露了神調皮的個性。有時候我們太專注在神的特質上，卻忘了祂也有個性。祂喜歡躲在街角，讓我們驚喜。我不相信耶穌大半夜在湖中央的水面行走而把門徒嚇一跳時，祂沒有因此覺得有趣。我也不相信在摩西聽到會說話的荊棘叢時，神沒有享受他臉上迷惑的表情。在我讀聖經的時候，我得到的結論就是：神喜歡在我們預料之外的時機，用我們預料之外的方式出現。

我喜歡神個性的這個部分。雖然這有時候會增添我們的壓力，但也增添了戲劇性。不論是從大方面或小地方來看，祈禱為我們的生命故事添加了預料之外的轉折和彎曲，讓人生更值得活下去。祈禱也促成、推展了那些讓神能戲劇性地出現的時刻。正是祈禱，才能將任何故事（尤其是你的故事）轉化成一部經典戲劇。

在我的聖經裡，每每有講到神的賜予總是**來得正巧、給得剛好**的地方，我會在空白處寫下 JEJIT（Just Enough Just In Time，「來得正巧、給得剛好」的首字縮寫）。祂為那個只剩最後一瓶橄欖油的寡婦這樣做[3]；祂在以色列子民受困於埃及軍隊和紅海之間的時候這樣做[4]；祂在航行於加利利海的船隻因為颶風吹襲差點翻覆時這樣做[5]。在我們二十四小時內必須籌到七千五百美元時，祂也對我們這樣做。

也許你現在正處於絕望的處境。你感覺自己好像已經只剩下最後一瓶橄欖油了，或是埃及軍隊在逼近你了，或是你的船將要翻覆了。也許神好像還不見蹤影，但也許神正在為奇蹟鋪路。我很肯定地告訴你：**神一直都在舞台的右邊，已經準備好要華麗登場。祂只是在等你用祈禱告訴祂，該出場了**。

當神奇蹟式地提供嗎哪給漂泊荒野的以色列人時，經文中提到，祂提供了「當天所需的食糧」，**給得剛剛好**。描述「神的給予」的語句是非常精確的。那些撿拾很多嗎哪的人不會有剩餘，那些撿拾很少的人也有充足的份量。神給得剛剛好。然後祂給他們下

2 編注：當兩車即將對撞時，必有一方會先退，這個賽局比的就是誰更有決心堅持到底，先逃開的就是懦夫，不逃開的則能成為贏家。
3 參見〈列王記下〉四章一至七節。
4 參見〈出埃及記〉（出谷紀）十四章二十一至二十七節。
5 參見〈馬太福音〉（瑪竇福音）八章二十三至二十七節。

了一個奇怪的指示：「不准有人把食物留到第二天。」[6]

為什麼神要提供剛剛好的份量？為什麼神要禁止剩餘？積極地收集足以供給兩天或兩個禮拜的嗎哪，有什麼不好？

我對嗎哪奇蹟的看法是這樣的：嗎哪是他們每天要倚賴神的見證。神透過每天滿足他們的需求，來培養他們每天對祂的倚賴。一切都沒有改變。那不就是主禱文的重點嗎：「我們日用的飲食，今日賜給我們。」[7]

我們希望神能夠一次給我們一星期、一個月或一整年的份量，但是神希望我們每天都屈膝下跪，單純地仰賴祂的給予。神知道，如果祂給得太快、給得太多，我們會失去靈魂上的飢渴。祂知道我們會因此不再相信供給我們的神，而開始相信糧食。

我們對成熟信仰最大的一個誤解，是以為它應該帶來自給自足。恰恰相反。重點並不是要達到獨立，而是跟神共存。我們想要自給自足的欲望，是罪人本質的微妙表現。那是想要到達一個不需要神的地方，不需要信仰、不需要祈禱。我們想要神一口氣給得更多，這樣我們就可以更不需要祂了。

神聖的生命複雜性

很多人在信仰上感到沮喪的一個原因，是他們覺得實行神的旨意，應該要更容易才對。我不知道這樣說會鼓勵你還是讓你卻步，但是神的旨意並不是這麼簡單達成的。神的旨意是更艱難的。這就是為什麼**事情越困難，你就必須越用力地祈禱**。

神會一直把你放到讓你的信仰能成長的情境裡，而隨著你的信仰更上一層樓，你的夢想也會跟著成長。如果你通過考驗，你就會畢業，到越來越大的夢想去。然而，事情不會變得更簡單，它只會更困難；它不會變得較不複雜，它只會變得更加複雜。然而，「複雜」是神祝福我們的證據。如果這是從神來的，那它就會具有神聖的複雜性。

你必須看清這個一體兩面的事實：神的恩典不只是祝福你，它們也會讓你的生命變得複雜。罪惡是以負面的方式複雜化你的生活，神的恩典是以正面的方式複雜化你的生活。我跟蘿拉結婚時，我的生活變複雜了，而她的生活是**真的**變得更加複雜！讚美主讓事情變複雜，我們有三個小麻煩，叫做派克、薩孟和裘夏，我沒辦法想像沒有這些小麻煩的生活。每前進一步，就會有新的麻煩。在你賺更多錢的時候，你的稅務也會變得更複雜。我的重點是什麼？神賜給我們的福分會讓你的生命變得複雜，但那是用神希望的方式來複雜化你的生命。

幾年前，我說了一個改變我生命的祈禱。我相信那也會改變你的生命，但是，要真誠地那樣祈禱，需要很大的勇氣。你也必須考慮到因此將要付出的代價。

6 參見〈出埃及記〉（出谷紀）十六章十九節。
7 參見〈馬太福音〉（瑪竇福音）六章十一節。

那個祈禱就是：**神啊，讓我的生命更加複雜吧！**

我身為牧師的職責有兩個層面：⑴安撫受苦的人；⑵磨難安逸的人。第二部分的工作內容是比較困難的。老實說，我們很多祈禱（即使不是大部分的祈禱）在本質上都是自私的。在我們的祈禱裡，好像求神的主要宗旨就是我們個人的安逸。並不是這樣的。最主要的宗旨是在於成就神的榮耀。有時候，要達成這樣的成就還需要一點苦痛。

有時候我們在祈禱時，並不會考慮到其中的含意或是可能衍生出的後續。當我求神祝福全國社區教會時，我等於在求神讓我的生活更複雜、更不安逸。當教會只有二十五人的時候，我們是比較安逸的。當我們只在一個地方、只辦一場聚會時，事情是比較不複雜的。但是，因為神祝福了全國社區教會，我就必須計算成本。在很實際的層面上，我的祈求的回應，是要犧牲掉我更多的週末給神。當我們開始了星期六晚上和星期天晚上的晚間聚會時，代價就是我每個週末要多給神兩個時段。底線就是：用力祈禱是請求神讓你的生命更困難。你祈禱地越用力，你就必須更努力地做事，而那就是從神而來的祝福。

用力祈禱很難，因為你不能只是像一切取決於神一樣地祈禱，你還必須像一切取決於你一樣地努力。你不能只是願意祈禱，你還必須願意為此做一些事。這就是我們很多人在信仰上停滯不前的原因。在我們覺得很安逸、很方便的範圍內，我們很樂意祈禱；但是再前進一點，直到我們覺得不安逸、不方便的時候，我們就不願意了。用力祈禱是不安逸且不方便的，但是，正是在那個時候，你才會知道你離奇蹟已經越來越近了！

神沒有回應我們的祈禱，不是因為我們祈禱不夠用力，真正的原因通常是我們不願意努力地做事。用力祈禱跟努力做事是一樣的意思。我們可以把用力祈禱和努力做事視為一個同心圓，這樣就可以同時啟動我們的夢想和神的承諾。總會有個時候，你在不顧一切地祈禱之後，必須開始為此做點事。你必須踏出信念的第一步，而那第一步永遠都是最困難的。

一雙羊毛襪

最近我幫我的朋友克里斯．哈吉斯位在阿拉巴馬州伯明罕市（Birmingham）的高地教會（Church of the Highlands）演說。我參觀了他們在市中心的夢想中心，因為我們也想要在華盛頓進行相似的計畫。他們對娼妓有驚人的影響力，他們也指導幼童，他們餵飽餓肚子的人。只要你有需要，他們都會試著滿足它。

那邊有個女性工作者，名叫麗莎，她原本是個記者。她之前的工作很棒，薪水也很優渥，但是她辭職了，因為她知道神要她到夢想中心工作。麗莎是那種自然流露出喜樂、生命力和能量的人。

在我們參觀的時候，麗莎談到，為了滿足他們社區裡龐大的需要，他們每天都仰賴神。這需要努力做事和用力祈禱。然後她告訴我一個她經歷過的奇蹟。一天，在她用她的祈禱圈住夢想中心的時候，她感覺到聖靈要她帶著羊毛襪去上班。她以為自己瘋了。那是她經歷過最奇怪的感召之一，但是她就是沒辦法擺脫那個感受。因此她拿了她的羊毛襪，放到皮包裡，然後就到市中心去。當她抵達夢想中心的時候，她看到一個娼妓昏倒在門口的階梯上。麗莎開了門，把她帶到裡面去，讓她躺在自己懷裡。幾分鐘後，她慢慢恢復意識，冷得直發抖，於是麗莎問她：「如果你可以要一樣東西，你會要什麼？」她毫不猶豫地說：「羊毛襪。」那瞬間，麗莎很錯愕。

告訴我這個故事的同時，麗莎已經淚珠盈眶，我也跟著感動落淚。最後麗莎告訴那個女人：「看看我這裡有什麼。」她拿出羊毛襪，那個女人隨後說：「這襪子甚至跟我的衣服很相襯。」

神的偉大，並不只是因為對祂來說沒有太大的事；神的偉大，是因為對祂來說沒有太小的事。一隻小麻雀的墜落，也會得到祂的注意和關切，因此祂會關心一個女人想要一雙羊毛襪，一點也不稀奇。神喜歡在小地方展現祂博愛的憐憫之心，如果我們學著順從祂的感召，我們就會像麗莎一樣，更常遇到奇蹟。

很多人錯過奇蹟，是因為我們沒有注意觀察、沒有注意聆聽。在祈禱中，較容易的部分是說話，但是要聽見聖靈微小沉穩的聲音就困難多了，要觀察出答案也困難多了。因此，「用力祈禱」其中三分之二的成分，就在於聆聽和觀察。

向海觀看

你還記得以利亞在祈雨的時候做了什麼嗎？他叫他的僕人「向海觀看」。為什麼？因為他期待著一個回應。他不只是祈禱，他向海那邊看，是因為他懷有一份神聖的期盼。

以利亞在〈雅各書〉（雅各伯書）中所做的，是用力祈禱的典範。他祈求不要下雨，讓以色列的農業經濟因此一蹶不振，也因此讓整個國家屈膝跪拜。而後，他以和何尼同樣的方式祈雨，結束了長達三年半的乾旱。

以利亞和我們同樣是人；他懇切禱告，求上帝不下雨，果然有三年半之久沒有下雨。他再禱告，天就下了大雨，大地生產五穀。[8]

「用禱告來祈求」，這其中的含意遠超過字面的意義。它的意思是，因為你期望得到神的回應，所以你用禱告來獲得它。以利亞不只是為了反抗巴力（巴耳）的先知而祈禱，他還要向他們的獻祭進行挑戰；他沒有叫撒勒法（匝爾法特）的寡婦祈禱，他是叫

8 參見〈雅各書〉（雅各伯書）五章十七至十八節。

她用僅剩的麵團烤出餅來；以利亞沒有求神用類似的奇蹟分開約旦河，他是用他捲起的外衣打水，讓水分開。9

每一個奇蹟，都是透過具體踏出信仰的腳步所促成的：像是在迦密山祈禱、烤一塊餅、打約旦河的水。神會榮耀那些信仰的腳步：祂會降下火燄來收下以利亞的祭品；祂會讓最後一塊餅能一直做下去，麵團永遠用不完；祂會分開約旦河，好讓以利亞和以利沙（厄里沙）能走在乾燥的地上過河。

我們很多人沒有得到祈禱的回應，是因為我們**只是祈禱**而已。你不只要像以利亞那樣祈禱，你必須像以利亞那樣努力地做。你不能只是屈膝跪拜，你還必須向海觀看。

我在建立教會的第一年學到了這個課題。我們迫切地需要一個鼓手，因為我要帶領敬拜讚美，但我沒有節奏感。我們求神給我們一個鼓手大概兩百次了，但我們只是像個兩歲小娃那樣，一而再、再而三地重複同樣的請求：給我們一個鼓手，給我們一個鼓手，給我們一個鼓手。然後有一天，好像神厭倦了那捲壞掉的錄音帶似地，祂說，如果你要一個鼓手，你為何不先弄到一套鼓？我們從來沒有想過要真的跨出信心的那一步，相信神將會回應我們的祈禱。那是為什麼呢？因為我們想先得到答案才肯相信！但是，如果你要神有所作為，那麼有時候，你必須先有所動作。

那個年代還沒有Google，所以我搜尋了分類廣告，找到了一組在馬里蘭（Maryland）的銀泉城區（Silver Spring）出售的二手鼓具。我充滿信心地決定買下它，但是它花掉了我所有的信心，因為它花費了我們所有的錢。我們每月的收入是兩千美元，其中一千六百美元是用在租賃我們做禮拜的市中心公立學校場地，剩下的四百美元是我們的薪水和其他雜支。你猜那組鼓的金額是多少呢？正好是四百美元！神真有辦法把我們推到極限，不是嗎？

有一部分的我覺得這樣做很愚蠢。為什麼我要花掉我們所有的現金，為一個根本不存在的鼓手買一套鼓？然而那是屬於我們「夢想領域」的時刻：「如果你買下它，他們就會來到。」我知道神感召我跨出信仰的腳步，而我相信祂會回應它。在一個星期四，我買下了那套鼓，然後，就在同一個星期天，我們的第一個鼓手就出現了。而且神給我們的是最好的。這個鼓手星期天沒有為我們打鼓的時候，他是在美國海軍軍鼓樂隊中，為政府和軍事高官們演奏。

浸溼的雙腳

在以色列子民要進入應允之地的時候，神命令祭司們，不只是要向海觀看，還要走進河裡。那是聖經中最奇特的指令之一：「你們到了約旦河的水邊上，就要在約旦河水

9 這三段故事分別出自〈列王記上〉十八章二十二至二十四節；〈列王記上〉十七章十三節；〈列王記下〉二章八節。

裡站住。」10

我不知道你們的感覺，但是我不特別喜歡讓我的腳溼掉。我會寧可神分開河水，然後我再走進奇蹟裡。我們想要神先走，那樣一來，我們就不會讓自己的腳溼掉。然而，通常就是因為我們不願意踏出信心的腳步，先讓我們的腳溼掉，我們才無法經歷奇蹟。有些人在約旦河的西岸度過了他們的一生，等著神分開河水；神卻等著他們浸溼他們的雙腳。

你用力祈禱了之後，你就必須做好準備，跨出充滿信心的輕快腳步，這樣你才能圈住奇蹟。

在我們買下國會山那間廢墟的幾年前，蘿拉和我到孩子們的學校裡參加一場拍賣會。其中一個拍賣品，是國會山重建委員會捐出的一本三吋厚的檔案夾，裡面有所有區域碼和國會山新建築的規範。我知道，如果我們要在國會山打造我們的咖啡屋，就必須知道那些區域碼，但是當時我們還沒有拿到那塊地。我是不是應該等到我們得到契約再說呢？但是我感覺到聖靈的手肘推了推我，於是我踏出了八十五美元的信心腳步——那是我浸溼雙腳，踏進約旦河的方式。畢竟，如果你不願意為你的夢想犧牲八十五美元，那麼你應該也還沒準備好接受一個兩百萬美元的奇蹟。那個檔案夾不僅在我們計畫的區域重劃和設計階段幫助了我們，它到現在還在我的辦公室占有一個特別的位子，象徵著踏入河水的腳步、踏進奇蹟的腳步。

漲潮的時候，約旦河大約有一哩寬。那是分隔了以色列子民和他們期待四百年之久的應許之地的唯一一段距離。他們的夢想就在一步之遙。然而，要是那些祭司沒有踏進河水呢？要是他們只等著神分開約旦河呢？他們很可能就會在約旦河西岸度過他們的餘生，而那也是很多人度過一生的地方。我們如此接近夢想、如此接近承諾、如此接近奇蹟，但是我們卻不願意浸溼我們的雙腳。

很多人一生從沒看過神分開約旦河，因為他們的腳踏踏實實地站在乾燥的地上。我們等著神行動，而神正等著我們行動。我們跟神說：「你為什麼不分開這條河？」而神會跟我們說：「你為什麼不浸溼你的腳？」但是，如果你行動了，你就會看到神的行動。而祂的能力，大到可以移動天和地。

祈禱感召

彼得是浸溼雙腳的守護聖徒。雖然他可能因為在客西馬尼（革責瑪尼）睡著了而沒通過恆心的試煉，但是他通過了浸溼雙腳的試煉，因為他在耶穌講出聖經中最瘋狂的指示「你來吧」時，他就在加利利海中央跨出船外，朝耶穌走去。[11] 彼得冒的險，遠超過

10 參見〈約書亞記〉（若蘇厄書）三章八節。
11 參見〈馬太福音〉（瑪竇福音）十四章二十九節。

只是浸溼雙腳而已。加利利海是個九十一平方哩的巨大水域，而那時是深夜時分，他正處於海的中央。

跨出船外的關鍵，在於聽見神的聲音。如果你要在深夜，在湖的中央跨出船外，你最好確定耶穌說了「你來吧」。不過，如果耶穌真的說了「你來吧」，你還是不要留在船上比較好。

你是否曾經和麗莎一樣，在祈禱的時候，聖靈感召你去做一件很瘋狂的事？你是否曾經有和彼得一樣的體驗，神召喚你去做一件看起來不安全的事？你如何回應這些感召，可以成就你，也可以敗壞你。事情可能看起來不安全或是不理智，但是如果你留在船上，你就永遠不會走在水上。

幾年前，我的一個朋友瑞克跟我分享了他的一個祈禱感召，因為那跟我有關。那時我正在巡迴演說，不在家裡，神在半夜叫醒了瑞克，他感覺到神感召他為我的家人祈禱，那個感召非常強烈，以至於他叫醒了他的室友（如果你要叫醒你的室友，你最好確定那個感召是來自神！）。在祈禱了之後，他感覺他們必須開車到我家去。因此在凌晨四點鐘，他們開車穿過國會山，停在我家門前，為我的家人禱告。他之後告訴我：「以前我從來沒發生過這種事。我不知道神為什麼在凌晨四點把我叫醒，但是我知道我們必須為你們禱告。」

老實說，我不知道為什麼神感召他那樣祈禱，但是神有些最美好的祈禱回應，不會在這邊的時空裡揭露出來，因為那些是隱形的回應。當神讓某件事發生時，我們可以感謝祂，因為我們可以看見。當神阻止某件事發生時，我們不知道怎麼感謝祂，因為我們並不知道祂做了什麼。但是有一天，神會披露這些隱形的回應，而我們將會因此而讚美祂。

用力祈禱，開始於聆聽聖靈微小的聲音。如果你在小事情上面是信實的，也聽從那些小小的感召，那麼神就會用你來成就大事情。

拋下魚線，釣出奇蹟

讓我描述另外一幅景象。這景象在這裡看起來很合適，因為祈禱就很像在釣魚，這比任何事情都需要更高的堅持商數。

耶穌和門徒到了迦百農，有收丁稅的人來見彼得，說：「你們的先生不納丁稅（丁稅約有半塊錢）嗎？」

彼得說：「納。」

他進了屋子，耶穌先向他說：「西門，你的意思如何？世上的君王向誰征收關稅、丁稅？是向自己的兒子呢？是向外人呢？」

彼得說：「是向外人。」

耶穌說：「既然如此，兒子就可以免稅了。但恐怕觸犯他們，你且往海邊去釣魚，把先釣上來的魚拿起來，開了牠的口，必得一塊錢，可以拿去給他們，作你我的稅銀。」12

這必須列為聖經中最瘋狂的指令之一。有一部分的我在心裡懷疑，彼得會不會以為耶穌在開玩笑。彼得有點錯愕，因為我相信耶穌大概戲弄了他不只一次。

所以，到底為什麼耶穌要這麼做呢？祂大可以用比較正常的方式拿出這一塊錢，但是祂卻叫彼得去釣魚。我想這有幾個原因。首先，神喜歡用不同方式展現各種奇蹟，因為這樣可以揭露祂的力量和個性的各種面向。但是我想最大的原因，會不會是耶穌想要看彼得在面對自己最拿手、最得心應手的領域時，是不是也一樣相信他。身為一個專業的漁夫，釣魚是彼得最容易受到誘惑之處，因為他可能會認為這是他不需要耶穌的領域。他以為自己知道捕魚的各種技巧，但是耶穌要讓他看到一個新手法——我們將稱之為「魚口中的錢幣」的手法。

我們知道這故事是怎麼結束的。彼得抓到了一條魚，從魚的口中拿到一枚臭臭的錢幣。但如果你抓過幾十萬條魚，從來沒有在任何一條魚的口中發現過錢幣，你怎麼會有信心，相信下一條魚的嘴裡將會有一塊錢？這看似不可能，不是嗎？但是，唯一能找出神是否會信守承諾的方式就是：順從看似瘋狂的感召。

現在讓我問你一個問題：你在什麼地方覺得你最不需要神？你在什麼地方最拿手、最得心應手？也許那就是神要你信任祂，以做出超越你能力之事的地方。就在你認為你已經瞭解神的時候，祂就會從魚的嘴裡拿出錢幣。神用那些奇特而神秘的方式，重新喚醒我們對祂的敬畏、對祂的信任，以及對祂的仰賴。

讓我說明白一點：如果你想要看到瘋狂的奇蹟，那就順從聖靈瘋狂的感召。抓住你的竿子往湖裡去，划著船、拋魚線、提魚竿、抓大魚吧。當你順從感召、拋下魚線的時候，你不會知道在魚線的那端，你會釣到什麼樣的奇蹟。

去釣魚吧！

12 參見〈馬太福音〉（瑪竇福音）十七章二十四至二十九節。

第11章 神啊，這到底是怎麼回事？

祈求沒有得到回應的時候

我生命中很多時候，籃球就是我的全部。中學畢業以後，我得到了全額獎學金進入芝加哥大學，並且在大一結束前就贏得了籃球隊的先發位置。然後，我轉進了中央聖經學院，在那裡，我在大四時獲得了全美第一隊的資格。當然，這裡指的是NCCAA，不是NCAA（全美大學運動協會），多出來的一個C是基督徒的意思（Christian）。我那時是我們隊上的主要得分球員，平均每場比賽得分二十一．三分，而我們是NCCAA冠軍盃中最有希望奪得國家冠軍的球隊之一。

我那時正享受著最棒的球季，而且我不是好好打球而已，我是為神而打。我想要贏得國家冠軍的獎杯，因為我認為那是榮耀神的一種很棒的方式，不過，那個夢想在我切入籃框時膝關節彎曲的那一刻，就泡湯了。離國家賽程開打才剩兩個禮拜，我的籃球生涯就因為前十字韌帶的創傷被迫結束。

老實說，精神上的折磨比生理上的折磨還痛苦。剛開始我很生氣，心想：「神啊，我是為你而打。你怎麼可以讓這種事情發生？」最後，我的怒氣轉變為哀傷，然後哀傷又變成祈求。我記得自己啜泣著祈禱，求神治癒我的膝蓋。我知道祂可以辦到，但是為了一些我不知道的原因，祂選擇不這麼做。在我們四強賽輸球的時候，我降格成為幫隊友打氣的加油團。就事情的整體看來，即使我知道比賽只是比賽，那仍然又苦澀又令人失望，而我始終不知道為什麼。

生命中有些最困難的時刻，是當你用力祈禱了，回應卻是否定的，而你也不知道為什麼。而且，你可能永遠都不會知道為什麼。然而，那是一種信任的石蕊試紙。你相信即使在神沒有給出你所要求的東西時，祂還是站在你那一邊的嗎？你相信神這麼做有超越你理解範圍的理由嗎？你相信祂的計畫會比你的計畫更好嗎？

我存著一個〈申命記〉的檔案[1]，裡面都是沒有得到回應的問題。那解釋了有些謎題只有在我們跨進永恆的界線後才能得到揭曉。我不了解為什麼神不能醫治我的膝蓋，我不了解為什麼我的岳父在壯年時就去世，我不了解為什麼那些有愛的人卻失去了小寶寶。我有很多沒有答案的疑問，而其中許多疑問都衍生自那些沒有獲得回應的祈禱。

用力祈禱最困難的地方，在於你要承受那些沒有獲得回應的祈禱。如果你沒有守護住你的心，那你對神憤憤不平的怒氣就會侵蝕你的信仰。有時候你唯一的選擇就是相

1 編注：此處是指〈申命記〉二十九章二十九節：「隱祕的事是屬耶和華──我們神的；惟有明顯的事是永遠屬我們和我們子孫的，好叫我們遵行這律法上的一切話。」

信，因為那是你手中的最後一張牌——一張王牌。如果你能在得到否決的答案時繼續相信神，你就能在獲得肯定的答案時讚美祂。你要堅持下去。從字面上來說，用力祈禱就是**在你很難去祈禱的時候，堅持祈禱**。而就是這些困難的時機，才能讓我們學習用力祈禱。如果你持續不顧一切地祈禱，那份超越理解範圍的平靜就會守護你的心和靈。

因此有時候，我們祈禱得到的答案會是否定的，但你永遠不會知道為什麼。不過好消息是，在我們看來像是沒得到回應的祈禱，通常就是最美妙的答案。

神啊，這是怎麼回事呢？

在我們剛建立教會的頭兩年，教會辦公室是在我們家裡的一個客房。那原本是個克難的權宜辦法，但是在女兒薩孟出生以後，就變成了很大的不便。我們的客房在晚上變成了她的房間，在白天就是我的辦公室。晚上我會組裝起她的嬰兒床，早上的時候再拆解下來。那讓她的床很快就變得很破舊，於是我們開始尋找辦公的空間。

經過幾個月的尋找之後，我最後在F街四○○號的路口找到一整排房屋的其中一間，我們可以將它轉變為辦公室。它的地點很棒，就介於我們家和聯合車站中間的位置，它也有很理想的樓層配置。我們求神給我們這份合約，但是當我們隔天早上提出購買意願時，才發現前一天晚上就有人捷足先登了。那種感覺像是遭到突如其來的打擊，讓你洩氣無比。我很確信，這間房屋就是我們在尋找的答案，因此，這樣的結果讓我們覺得既困惑又沮喪。

我們花了好幾天時間才平復那份失望，然後又開始尋找。過了幾個禮拜，我們在第三街六〇〇號的路口找到一間空屋，離聯合車站只有兩個路口，這間屋子甚至比之前那個更完美，於是我們更是用力祈禱。同樣地，當我們隔天提出購買意願時，才發現前一天晚上又有人早我們一步了。那感覺像是遭受二次打擊，將我們的信心完全擊潰。

在兩次苦澀的失望經驗後，我舉起雙臂向天，那是一種「神啊，這到底是怎麼回事？」的時刻。我的感覺是，神不只沒有回應我們的祈禱，反而扼殺我們的努力。我們感覺神好像根本在處處阻撓我們。

沒錯，祂是。而且我很慶幸祂是。

最棒的回應

兩個禮拜過後，在那兩個沒有得到應允的祈禱之後，我從聯合車站走路回家。當我經過F街二〇五號時，聖靈突然充滿我，我深沉的記憶之海中突然浮現了一個名字。我在一年前遇過這個地主，但是我不擅長記名字。說實在的，我甚至不確定他的名字是不是羅伯·湯瑪斯。無論如何，我覺得受到感召，於是打電話給他。

房子上面並沒有出售的標語，但是我知道，我必須順從這個祈禱的感召，於是我在黃頁上找出他的名字，結果找到了好幾個羅伯．湯瑪斯的資料。我仔細研究一下，挑了其中一個，然後打電話給他。

他接起電話的時候，我說：「你好，我是馬克．貝特森。我不知道你記不記得我，但是……」他根本沒讓我把句子說完，馬上打斷了我：「我正好想到你。我想要賣掉F街二〇五號，想先問問你要不要買，不然我就要將它公告出售了。」

這一切，**唯有神能成就**。

那間屋子變成了我們的第一間辦公室，但是比起它的功能，它的地點對我們來說意義更加重大。F街二〇五號緊鄰著F街二〇一號。我們將手放在隔壁的牆上，請求神賜給我們旁邊那間破舊的廢墟。我拒絕相信這一切只是巧合，我選擇相信這是神的賜予。而它的確是。

如果神答應給我們對F街四〇〇號路口或是第三街六〇〇號路口的房屋，那麼祂給我們的，就會是第二或是第三好的選項。我那時之所以會感到既沮喪又困惑，是因為我覺得它們看起來都是很棒的選擇，但事實上它們並不是最好的選項。神不會只安排還不錯的事物給我們。在祂的預備裡，祂明白我們需要先得到F街二〇五號，之後才能得到F街二〇一號。因為建築上和畫區上的一些複雜問題，如果我們沒有先得到F街二〇五號的話，我們是不可能在二〇一號打造我們的咖啡屋的。

感謝主沒有答應我的祈禱！

我們的天父遠比我們有智慧，也比我們自己更愛我們，因而無法答應我們要求的每一件事物。有一天，我們會感謝神沒有回應這麼多或是更多的祈禱。只要我們有耐心又有毅力地不顧一切地祈禱，我們的挫折都會轉變成慶賀。在幾年內，這可能沒有實質意義。事實上，在永恆的這一頭，這可能永遠都不會有意義。但是，我學習到了關於「沒有得到回應的祈禱」的一個珍貴教訓：**有時候神擋住去路，是為了指引我們方向**。

會說話的驢

聖經裡一個最古怪的奇蹟，是講到一隻會說話的驢。一位名叫巴蘭（巴郎）的先知要前往摩押（摩阿布），因為他受到重金禮聘，去詛咒以色列子民。在途中，神的天使阻擋了他的去路。巴蘭看不到天使，但是他的驢看見了。驢為了救巴蘭的命，停下來三次，巴蘭卻被他的笨驢惹毛了。這時，神讓驢開口了，牠告訴巴蘭：「我對你做了什麼，讓你這樣打我三次？」巴蘭又是怎麼回答這隻救了他性命三次的驢呢？他說：「因為你把我當傻子！真希望我手上有一把刀，好讓我馬上把你殺了。」[2]

依照常理來說，我不認為任何人在一隻動物突然開口說話時，真的知道自己要怎麼

2 參見〈民數記〉（戶籍紀）二十二章二十八至二十九節。

反應！但是巴蘭太憤怒了，以致他無法正常思考。兄弟，如果你手邊有一隻會說話的驢，你絕對不可能會想要殺了牠吧！你根本就不再需要那份賞金，你會因此致富。你可以在路上設一個「會說話的驢」的表演秀，到拉斯維加斯去演出。

我喜歡驢的理性回答，而我不禁猜想，他是否有獨特的英國口音來搭配他高尚的智慧：「難道我不是你從小所騎的驢嗎？我以前這樣對待過你嗎？」

那位在古老世界備受尊崇的先知無話可說。他給他聰明的驢子唯一的回答是「沒有」，而且他很可能只是含糊地說。然後神打開了巴蘭的眼，讓他看見神的天使，天使告訴巴蘭：「我來擋住你的路，因為你不該去。你的驢看見我，三次都躲開了，如果牠沒有躲開，我早把你殺了，而留牠活著。」3

有時候，在我們無法到達我們想去的地方時，也會像巴蘭那樣偏差。我們厭惡迂迴繞道！繞道是很令人沮喪、困惑的。在這個故事裡，真正的神蹟不是那隻會說話的驢，真正的神蹟是，深愛我們的神在我們走錯路的時候，會出來阻擋我們。這些是我們沒有想要、但我們非常需要的神蹟。當我回顧自己的生命時，我很感激那些時刻神阻擋了我的計畫，然後導正了我的方向。看似沒有回應的祈禱，意味著神有更好的答案。

在我大四那年，我得到了一個機會，可以跟我崇拜的英雄在教會體系裡一起工作。他是個非常有魅力的領導者跟溝通者。那看起來是個夢寐以求的工作機會，但是，當我在教堂陽台踱步祈禱時，我的心靈感覺到一種壓抑感，好像神正在阻擋著我。我知道我必須拒絕，但是我不知道原因。後來我拒絕了那個工作機會，進入研究所。不到一年之後，這位牧師因為外遇問題而拋下他的家庭和他的教會，最後自殺了。我毫不懷疑即使是面臨那樣的情況，神也一定會保護我全身而退，但是祂讓我全然地避過這件事。祂把我從密蘇里州重新導向了伊利諾州。

然後，我在芝加哥地區神學院的期間，曾經嘗試要建立教會，然而神似乎再次阻撓了我。那個時間和地點都不對。那個教會解散了，然後神重新引導我們從伊利諾州到了華盛頓特區。如今我很高興祂這麼做，因為我不會想要在其他地方和其他人進行其他事情。我們的命運就是在華盛頓，但神必須在那之前阻擋我們好幾次，才能讓我們到達那裡。祂必須讓一些祈禱沒有得到回應，好讓祂能給出一個更好的答案。

我很感恩，神沒有答應我所有的祈禱。誰知道我將會在哪裡呢？而用力祈禱的一部分，就是即使在我們沒有得到想要的回應時，仍要堅持祈禱。那是相信神有更好的安排，而祂一直都是這樣！

大衛的鑰匙

那位神聖而信實、執掌著大衛的鑰匙、開了門就沒有人能關、關了門就沒有人能開

3 參見〈民數記〉（戶籍紀）二十二章三十二至三十三節。

的，這樣說：「我知道你所做的；我知道你只有一點兒能力，可是你遵守了我的話，也對我忠誠。我已經在你前面開了一個門，是沒有人能夠關上的。」4

〈啟示錄〉（默示錄）的這段話，是我最常圈起來的承諾之一。我已經用好幾百種不同的方式，祈求這個承諾好幾百次。我已經看過神打開了我從未想像自己能進去的那扇大門。至今我做過的一些事情、去過的一些地方、見過的一些人，都是我以前從沒想過要做的事、要去的地方、要見的人。最近我跟一位前總統共進午餐，讓我不禁想：你絕對永遠有時候不會知道。這絕對不是我能策劃出來的事情，但是當你跟隨著耶穌的腳步，你永遠不會知道祂會為你敞開什麼樣的大門。

大衛的鑰匙也間接提到了以利亞敬（厄里雅金）。鑰匙並不只是成功的方法，它更是權威的象徵。沒有什麼是以利亞敬不能關閉或打開、鎖上或開啟的。5大衛之子——耶穌基督，現在握著大衛的鑰匙，讓我們得以進入這個承諾，也得以進入其他每個承諾。

當我想到這個敞開大門的承諾時，我心中想到的畫面是電視劇「糊塗情報員」（Get Smart）的片頭。我還依稀記得主題音樂，麥斯威爾．史馬特（Maxwell Smart）走過七個不同類型的門，那些門在他走過的時候會一一自動打開來，最後他才能進入戒備森嚴的管控總部。祈禱就像那樣。它可以在對的時間打開對的門，即使我們有時候也會跟86

號情報員一樣茫然無措。

我第一次圈起這個敞開大門的承諾是在一九九六年。

容我回溯這個祈禱圈吧！

那時我們剛得到通知，說全國社區教會用來聚會的華府公立學校，即將因為違反消防規範而關閉。我們即將成為一個流浪教會，而且真的沒有地方去了。我們研究了至少二十五個選擇，但是我們敲的每一扇門都讓我們吃了閉門羹。那時候，我開始勇敢地**大膽夢想**，並**用力祈禱**。前面我已經談過，我去找了聯合車站電影院的經理，下面就是接下來發生的事。

在詢問那位經理我們是否可以在星期天早上租借電影院之前，我繞著聯合車站祈禱，總共繞了七圈。要在那些通勤車潮、計程車和觀光遊覽車中間閃躲穿梭，是很不容易的。事實上在幾次機緣下，我曾經一邊祈禱一邊繞了聯合車站七圈。在越需要勇氣的時候，我就會畫出越多的圈。最後，在花了很長時間繞著聯合車站畫圈之後，我建立起足夠的勇氣，走進了前面的大門，穿過大廳，走下電扶梯，到了布幕垂下的放映廳。

當那扇通往華府公立學校的大門關閉的時候，我們感覺教會好像要解散了，我應該早點察覺神擺了我們一道。在我走進電影院的三天之前，AMC電影院推出了一個全國

4 參見〈啟示錄〉（默示錄）三章七至八節。

5 參見〈以賽亞書〉（依撒意亞）二十二章二十至二十四節。

性的計畫，募集商業活動及非營利活動在銀幕關閉時使用他們的放映廳。就我所知，我們是第一個響應這項創舉的團體，而且我們事前根本不知道有這件事。但是神知道。神不僅敞開了一扇美妙的機會之門，祂甚至為我們鋪下了紅毯。

在跟電影院簽完租約，要離開聯合車站的時候，我拿了一份華盛頓聯合車站的歷史沿革手冊。我立刻打開它，首先映入眼簾的是第一頁的一排字：「及其他用途」。

那句話是一九〇三年二月二十八日泰迪．羅斯福（Teddy Roosevelt）簽署的國會法案的部分內容。內容很簡單：「國會法案為建立聯合車站及其他用途……」那最後一句「及其他用途」跳脫了頁面，進入到我的心裡。在那條法案通過之後將近一百年，聯合車站開始透過全國社區教會來進行「為神做事」的用途。羅斯福當初只想到他在建立一個車站，他壓根不會想到他建立的是一個教會——一個擁有大眾運輸系統、停車場和四十個餐廳的教會，一點都不少！而我們最主要的活動也是由國會資助的！

當我回頭看，想到當初華府公立學校關門的時候我們害怕的樣子，我覺得很好笑。若不是神關上了那扇門，我們絕不會在聯合車站尋找其他敞開的大門。而事情就應該是這樣的：**神關上門，是為了打開更大更棒的門**。

最近幾年，我了解到我只圈了〈啟示錄〉那個承諾的一半而已。我只祈求了敞開的門，卻沒有祈求關閉的門。坦白說，當神為我們敞開大門時，我們會很高興，而當神讓我們吃閉門羹的時候呢？我們可就沒那麼喜歡了！然而，你不能只圈住一半的承諾，那是一整套的選項。如果你不願意接受關上的門，那麼你就不能祈求敞開的門，因為它們是前因後果的關係。

幸好，後來華府公立學校以「成果健身中心」之姿重新開幕，我在那裡也有中辦會員。每一次我走過那些門，我都感激神為我們關上它。一切都真正地得到了解決。

站穩，不要怕！

在進入聯合車站敞開的大門十三年之後，那扇門又被關上了。二〇〇九年十月一個星期一的早晨，我接到聯合車站電影院管理中心打來的電話，他們告訴我，聯合車站的管理部要關掉電影院。彷彿這消息帶來的打擊還不夠大一樣，她還告訴我下個星期天就是我們在那裡的最後一個星期天了。我們根本連哀傷的時間都沒有，因為我們只有六天的時間，要想辦法通知所有的會友並解決接下來的事。我的頭腦轉個不停。

那通電話帶來的衝擊會那麼大，有部分原因是因為我們已經很用力祈禱，求神施展奇蹟幫助我們買下電影院。結果不但沒買下，反而失去了那份租約。我們心裡知道，只有神能關上那些因為祂施展了奇蹟而敞開過的門，但此時我們還是覺得這像個反奇蹟。我們不知道該往哪裡去，也不知道該怎麼辦，但即使在這個時刻，神還是會把我們放在祂想要我們在的地方。

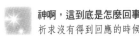

那個星期，我們整個團隊都已經計畫好，要到喬治亞州的亞特蘭大參加觸媒研討會（Catalyst Conference）。我那時猶豫要不要取消那個行程，好繼續為緊急撤出聯合車站的計畫想辦法。那看起來好像是個很糟的時間點，事實上卻是完美的時間點。有時候你必須跳脫你的日常生活規律，這樣神才能用非常規的方式跟你說話。我知道那個週末我不能只是單單佈道，我需要神的話語，而神給了我。在教導課程的期間，神給我一個可以藉以立足的承諾，以至於我將我身上每盎司的重量都壓在〈出埃及記〉（出谷紀）十四章十三至十四節上面：

不要怕！要站穩。今天你們要看見上主怎樣救你們！你們再也不會看見這些埃及人了。上主要為你們作戰；你們只要鎮定。

在一整隊埃及大軍疾速向你衝過來時，最難做出的事情是什麼？最難的事，正是神要他們做的：要站穩。要記住，神會玩「懦夫對局」的遊戲。當我們身處這樣的情況下，我們會想要做點什麼，什麼都好。我們會很緊張、很迫切地想要把問題盡快解決。但是在那時，神告訴他們，除了祈禱，什麼都不要做。埃及大軍越是靠近，他們的祈禱就越強烈。他們咬緊牙關，堅守著他們神聖的土地。他們像從來沒有祈禱過一樣，激烈地祈禱著。

最巧妙的時機

我們都愛奇蹟。我們不喜歡的是陷入一個需要奇蹟的處境。我們討厭發現自己困在埃及軍隊和紅海之間，但是唯有如此，神才能彰顯祂的榮耀。我們總是想在埃及軍隊還在埃及的時候，就要神分開紅海。我們總是想要在真正需要之前，就得到神的幫助。但是，有時候神會等待，祂會一等再等。剛開始時，以色列人可以看到遠處的塵土飛揚。接著，他們可以聽到馬匹的馬蹄聲和馬車的車輪聲。然後，對方終於靠近到他們可以清楚地認出他們前任工頭的臉。

那些以色列人正在坐以待斃，而帶領他們到達這個地方的是神。這看起來像是個策略上的錯誤，不是嗎？我不是將軍，但是以我多次用廁紙掛滿朋友房屋的惡作劇經驗來說，你永遠都要先計畫好逃跑的路線。然而那個時候，神卻在沒有退路的地方紮營。我想，這稍微透露了祂神秘的手法。有時候神會帶領我們到我們別無選擇、只能全然倚靠祂的地方；我們唯一的選擇就是相信祂。

那麼，為什麼神非要等到最後一秒才行動呢？為什麼祂要讓埃及軍隊逼到這麼近？因為這樣你有一天可以把它拍成電影！我們都喜歡那種電影，不是嗎？當然，除了我們自己身處其中之外。再一次地，一向「給得剛好」的神這次也「來得正巧」，祂在一個最巧妙的時機下，分開了紅海。

用力祈禱，就是相信神會為我們爭戰、為我們成就。這樣我們才能放開我們面臨的那些困境或挑戰，將它們交在全能之神的手中。祂可以解決的。比較難的是，**我們要能放手**。

當聯合車站關閉的時候，我想要解決那個問題，但是我沒辦法。我所能做的，就是站穩不動。身為一個領導者，我從來沒有感覺如此無助過，但是我也從來沒有感覺如此充滿活力。那天，當我站在所有會友面前，站在這個承諾上面的時候，我覺得自己好像摩西，「我不知道我們該做什麼，但我知道我們不該做什麼。我們不要怕，只要站穩！我們會看到神怎樣救我們！」

然後，神確實救了我們。

在關上那扇門不到一年之後，神在哥倫比亞特區的卡拉（Gala）電影院和克里斯特爾市（Crystal City）的波托馬克電影院（Potomac Yard）打開了兩扇門，分別成為我們第五和第六個據點。那扇關上的門，感召我們尋找房子，最後終於讓我們買下了國會山的最後一塊地。我那時候沒想到的是，在聯合車站關上的門，居然會促成全國社區教會史上最大的奇蹟。神開啟了一扇上了鎖的門。

Part 3

畫第三個圈：長遠思考

何尼在晚年的時候走下一條泥巴路，他看到一個人在種角豆樹。總是喜歡追根究柢的何尼問他：「這棵樹要多久才能結果實？」那個人回答：「七十年。」何尼說：「你確定你能再活七十年、吃到它的果實嗎？」那人答道：「也許不會。但是我出生到這個世界上，發現了好多我父親和我祖父種下的角豆樹。跟他們為我種樹一樣，我要為我的孩子跟我的孫子種樹，這樣他們就能吃到這些樹的果實。」

這個見解讓何尼有所體悟，因而改變了他祈禱的方式。我們的畫圈人領悟到，祈禱就像種樹一樣。每個祈禱都像是播到土壤裡的種子，它會消失一季的時間，但是最後它會結滿果實，造福未來的世代。事實上就是如此，我們的祈禱會不停地結出果實。

即使我們會死亡，我們的祈禱卻是不死的。每一個祈禱都有生命，一個永恆的生命，專屬於它自己的生命。我知道這點，是因為聖靈已經跟我說過，我祖父母的祈禱正在我的生命中持續地得到回應。他們的祈禱比他們活得更長久。

祈禱是我們接收到的遺澤，也是我們能夠留給後代的遺澤。畫圈人何尼不只是說了一段拯救整個世代的祈禱，他持續不斷的祈禱也在下個世代裡得到回應。他的子孫阿巴西耳加（Abba Hilkiah）遺傳到他傳承下來的祈禱能力，在乾旱的時候，以色列百姓會來到他的門口，阿巴西耳加會爬到他的屋頂上去祈雨，就跟他的先人一樣。

當我們祈禱的時候，我們的每一句祈禱都會跳脫自身的時空現實。它們不會有時間和空間上的限制，因為回應它們的神是存在於祂所創造的時間、空間之外的。你永遠不會知道，祂超脫時間的回應什麼時候才會重新進入我們生活的大氣之中，而這一點，讓我們心中充滿了對神的期盼。千萬不要低估了祂隨時隨地、隨心所欲出現的能力。祂有無限的解答能夠回應我們無限的祈禱。祂不是只回應它們一次，祂的回應是永恆的。當然，問題就在於我們都想要看到立即的成效。永恆是很好，但是我們總是想要馬上得到回應。

當俄羅斯演員雅可夫．史米諾夫（Yakov Smirnoff）移民到美國時，他說他最喜歡美國的地方是雜貨店。他說：「我永遠不會忘記，在走進一條通道時，我看到了奶粉；只要加水，你就可以泡出牛奶來。旁邊還有橙汁粉；只要加水，就有橙汁可喝。然後我又看到嬰兒粉，我那時就想，好奇妙的國家！」

我們生活在一個速戰速決的現實社會。從股票、新聞到推特，我們永遠都在汲取資訊，永遠都要第一手消息。我們不只是要拿到我們的蛋糕然後吃掉，我們要的是可以立即得到的品牌。我們才剛播種，就急著要收割。但是在「大膽夢想」和「用力祈禱」上面，這行不通。我們需要有栽種者的耐心，我們需要有農夫的遠見，我們需要有播種人的心態。

因為周遭有那些讓我們生活更快速、更便利的科技，我們就容易以同樣的方式來看待靈性方面的事物。但是聖經裡幾乎所有關於靈性的事物都是用更緩慢、更艱難的辭彙描寫出來的。我們想要事情能以光速的速度發生，而不是以播種的速度發生。我們希望我們的夢想能夠一夜成真。我們想要我們的祈禱立刻被答應，可以更快的話最好。但是大膽夢想和用力祈禱的關鍵，在於**長遠的思考**。我們思考時不應該考慮時效，應該從永恆的角度來思考。我們不應該從自身的出發點來考慮，應該從子子孫孫的角度來考慮。我們不能用七天循環的角度來思考，要以七十年的時間線來思考，就跟畫圈人何尼一樣。

在瑞典的維辛瑟（Visingsö）島上，有一座神秘的橡樹森林；它之所以神秘，是因為橡樹並不是該島上的原生植物，而它超過一個世紀以前的來源已經不可考。然後一九八〇年，瑞典海軍接獲來自林務局的一封信，裡面寫著他們之前要求的船隻木料已經準備就緒。海軍部並不知道他們有申請過任何木料，在搜尋過一些歷史資料之後，他們發現在一八二九年，瑞典國會有鑑於橡樹要花一百五十年的時間才能長成，於是預估到二十一世紀初島上會有木料短缺的現象，於是下令在維辛瑟島上種植兩萬棵橡樹，為海軍部保育這座森林。[1]

那就是長遠的思考。

值得注意的是，唯一的反對者是斯特蘭奈斯（Strängnäs）主教。他同樣認為二十世紀末還有戰爭要打，不過他是當時唯一認為應該用其他材料來造船的人。

長遠思考的一個層面，是要**另類思考**，想要做到兩者的關鍵，就在於祈禱。祈禱不只是改變現實環境，更重要的是，它會改變我們。它不只是轉換外在的現實，它會轉換我們內在的實相，讓我們用靈性的眼睛去看。它給我們看清周遭的視野；它導正我們的短淺眼光；它讓我們能夠跳脫自身的情況，進而看見超越我們自己和超越時間的視野。

只是大膽夢想和用力祈禱是不夠的。你還必須長遠思考。如果沒有長遠思考，那麼你就會經歷到很深的挫折感。為什麼？因為我們容易高估自己在一年內能夠達成的事情。當然，我們也可能低估了在十年內所能達成的事情。你的視野越大，你就必須更用力祈禱，也必須更長遠地思考。只要你繼續畫圈，一切就會在神的時間裡成真。

全國社區教會二〇二〇年的願景，是在那之前成長到二十個據點。這並不只是大膽夢想，這是長遠思考。當我遇到令我氣餒的事情時，十次當中有九次是因為我失去了我的「角豆樹視野」。解決之道？長遠思考！我必須提醒自己，神的力量是沒有時空限制的。我必須提醒自己，神是信實的，即使在我消失很久之後，祂還是會回應我的祈禱。

---

1 Stewart Brand, *The Clock of the Long Now: Time and Responsibility* (New York: Basic, 1999), 162.

第12章 停下、跪下、持續祈禱

冗長而枯燥的事物必定會帶來改變

我最近很榮幸為國際公義宣教組織（International Justice Mission，簡稱 IJM）在華盛頓歐妮蕭漢飯店（Omni Shoreham）舉辦的年度會報中帶領祈福。我的朋友蓋瑞・豪根（Gary Haugen），也是 IJM 的創辦人，他分享了一個十三歲女孩從菲律賓的妓院中被拯救出來的奇蹟故事。聽這個女孩所經歷的折磨是很令人難受的，尤其是當你有個十三歲女兒的時候。然後蓋瑞放出一張她微笑的照片。

只有神能成就。

祂是治癒心靈、重新賦予笑容的神。

如同被囚禁在黑暗性交易裡的許多女孩一樣，她沒有機會出去。從來沒有。想像一下，好幾年沒有辦法看見白晝的陽光或是感受太陽的溫度。然後，透過 IJM 採取法律上的途徑，她得到了拯救。

我永遠都不會忘記，當時蓋瑞是如何描述這件事的。他播放了由英國歌手彼得・蓋伯瑞爾（Peter Gabriel）所做、鄉村歌手莎拉・格洛芙斯（Sara Groves）所唱的〈愛之書〉（The Book of Love）混音版，並從中挑出了一句歌詞。那首歌的旋律很特別，歌詞更是扣住我的心弦。從那之後，那首歌一直迴響在我腦部的聽覺皮質裡。或許歌詞聽起來讓人覺得有點打擊，但我覺得那更像在頌揚「長久的愛」。你愛得越長久，一切就更有意義。

> 愛之書是冗長而枯燥的……充滿著圖表、事實和數字……但是我喜歡你讀給我聽。

蓋瑞就用了歌詞中的這句話——冗長而枯燥——來描述把那個年輕女孩從妓院裡拯救出來的過程。他們走了冗長而枯燥的五十趟旅程，往返那個距離 IJM 有十二小時路途的法院。他們花了冗長而枯燥的六千一百個小時，來填寫及反覆發送文件，當然那個年輕女孩完全不用負擔這些費用。此外，誰知道他們還為那個妓院及那個女孩畫了多少冗長而枯燥的祈禱圈呢。

「不顧一切的祈禱」是冗長而枯燥的，但那是你為那些神蹟所付出的代價。不管有多冗長、多枯燥，將一個女孩從黑暗中拯救回來重見天日是無價的。這一點都不枯燥，但是我們很少人會願意愛得如此長久，或是如此用力地祈禱。

IJM 每年促成了幾百個冗長而枯燥的奇蹟，而我想我知道其中的原因。這是我在一次參與他們的同工會議時才知道的。那可以說是一場祈禱的聚會，那場聚會很激烈，也很有激勵效果。說它很激烈，是因為他們比我們一般的祈禱更加激昂、更有明確的意向，它也激勵了我，把祈禱視為我們努力的首要目標。

我的意思不是指在行事曆裡面把祈禱列為首要任務，我指的是讓祈禱成為行事曆本身。由於我們的同工會議轉變成祈禱的聚會，我進而相信，一個祈禱可以成就一千多個計畫。我不禁想像，如果有更多同工會議都轉變成祈禱聚會的話，會有什麼結果。我想，那些冗長而枯燥的聚會，都會成就出更多美妙的神蹟。

IJM 的律師跟每一位優秀律師一樣，知道如何像一切都取決於自己那樣拼命地努力，但他們同時也知道，如何像一切都取決於神那樣拼命地祈禱。在伸張法律正義時，這樣的結合是很關鍵的。如果你願意大膽夢想、用力祈禱、長遠思考，你也許就可以讓君王屈膝，讓猛獅閉上血盆大口。

停下、跪下、祈禱

我在國家藝廊（National Gallery of Art）裡面最愛的畫作之一，就是比實體比例還大、描繪但以理（達尼爾）掉入獅子坑的那幅畫，作者是魯本斯（Sir Peter Paul Rubens）。在畫作中，但以理的衣服被獅子撕毀，毀壞到我懷疑獅子是不是服用了禁藥的程度（誰知道，也許這是精確的形容）。然而，但以理剛毅的內心，比他外在的身體還要強悍。他的堅持商數是無與倫比的，從他保持每天三次在朝向耶路撒冷敞開的窗前跪下來祈禱的習慣，就可以看得出來。即使大利烏王（達理阿）下令禁止祈禱，但以理還是繼續停下、跪下，一日祈禱三次。

但以理聽到這詔令已經簽署了，就回家去。他的屋子頂上有一個房間，窗戶朝向耶路撒冷。但以理在開著的窗子前跪下，照他往常的習慣，每天三次向上帝獻上感謝和禱告。[1]

很少人能比但以理的祈禱更堅持、更強烈，而他這份堅持能如此獨一無二的原因，是他清楚地知道重建耶路撒冷的夢想不會在他有生之年完成。他對著那座他知道自己永遠沒有機會親自看到的城祈禱，他雖然沒辦法用肉眼看到，他卻可以用靈性的眼睛看見。但以理預言，耶路撒冷將荒費「七十年」的時間才會結束。[2]

一個人有可能**持續夢想七十年**嗎？

但以理做到了。他從來沒有停止大膽夢想或用力祈禱，因為他有長遠的思考。那是

1 參見〈但以理書〉（達尼爾）六章十節。
2 參見〈但以理書〉（達尼爾）九章二節。

先知們會做的事。他不只是跳脫了巴比倫的佔領，看到耶路撒冷的重建；他甚至看得更長遠，看到耶穌基督第一次和第二次的降臨。但以理是用千年的單位在思考。他的祈禱和預言是我們救贖的種子，讓我們能在耶穌回來的時候收割這些祝福。

但以理讓我印象深刻的地方，是他知道他的祈禱在七十年的時間裡不會得到回應，但他卻依然迫切地祈禱。依我的惰性，我很可能會拖到第六十九年的最後一個禮拜才開始祈禱。但以理不是這樣。他能夠為不是迫在眉睫的事情而迫切祈禱，那是長遠思考的一個重要層面。

畫出祈禱圈，常會讓人覺得像是一段冗長而枯燥的過程，當你覺得自己好像是永無止境地不停畫圈時，就會覺得特別沮喪。你會開始懷疑，神是不是有聽見、神是不是在乎。有時候，祂的靜默是震耳欲聾的。我們為癌症畫圈，我們為我們的孩子畫圈，我們為夢想畫圈，但是感覺好像都沒有什麼用。這時你該怎麼辦？我的建議：**停下、跪下，祈禱，持續畫圈**。需要的話，就畫圈七十年吧！此外你還能做什麼呢？你還能到哪裡去？你還有什麼其他選擇？不顧一切地祈禱吧！

我們生活在一個太過重視短暫名利、卻太過輕視一生信實的文化裡。也許我們可以逆向操作。就如同我們最高的成就通常建立在最慘痛的失敗上面，我們最棒的答案也通常建立在最冗長、最枯燥的祈禱上面。你的生命就如同它注定成為的一場心靈旅程，它不總是帶領你到你想去的地方，但是它會幫助你安然度過一切。

失眠的夜晚

但以理在獅子坑裡度過的那一晚，應該是他生命中最漫長的夜晚。他完全沒有閉眼。進到那裡面，看似是發生在他身上最糟也最不可能的事情。但是能從那裡面走出來，也證實了那是發生在他身上最美妙的事。他的信仰不只是讓一頭猛獅閉上牠的血盆大口，他的信仰讓一個君王和一整個王國屈膝下跪。甚至，他的圖畫最後被掛在美國的國家藝廊裡。

我們都喜歡一夜好眠，但是失眠的夜晚才是勾勒出我們生命的夜晚。如果你要讓君王屈膝，或是讓猛獅閉上嘴巴，有時候你必須徹夜不眠。我越來越相信，成功與失敗的差別，不管是在心靈上或是職業上的，其實就在於你的鬧鐘叫你起床的時間。如果你賴床，你就會失敗。但如果你不顧一切地祈禱，神就會像太陽升起一樣，確切地為你成就一切。

我生命中一些最漫長的夜晚，是當派克還是小嬰兒時期的失眠夜晚。他有很糟糕的腹痛毛病，讓他無緣無故地哭鬧不休。我們得到第一個小孩的歡樂很快就被睡眠不足的痛苦所取代。他聲嘶力竭地哭泣，讓那些夜晚顯得更是漫長難耐。唯一能讓他冷靜下來、不再哭鬧的方法，就是在浴缸裡放水。我記得那時都得到浴室去、轉開水龍頭，然後在那裡抱著他持續好幾小時。我們的水費高得令人不可思議，連自來水公司都懷疑他們是不是弄錯了。並沒有。我們只是有個愛哭的嬰兒！

當你抱著一個不停哭鬧的嬰兒，你不能停止祈禱。我們只知道這麼做。派克在他的同輩中，大概是最被祈禱的孩子之一。也因此我很感激他有腹絞痛的毛病，我相信神會在好的用途上使用他。每次他哭的時候，我們會環抱著他，為他畫圈。那些是冗長而枯燥的祈禱，但是既然我們已經在他的青少年階段看到這些祈禱都得到了回應，我們就更覺得那些失眠的夜晚真是無比珍貴。

在照顧一個新生兒的同時，我還要嘗試牧養一個新生的教會。那同樣也造成了一些失眠的夜晚。我們有一個教友特別需要危機輔導，而且都是在清晨很早的時候。有一次，他在凌晨四點的時候打到我家裡，因為他真的覺得自己是耶穌。這一點都不誇張。我跟他說，我知道耶穌，而我可以告訴他，他並不是耶穌。我告訴他，我很樂意在幾個小時的睡眠之後再給他幾個好理由。當然，派克就在我掛掉電話之後開始哭了！

在我開始當一個教會創辦人的時候，我並不想要它成為一份冗長而枯燥的工作。我想要在我三十歲的時候，能夠牧養一千名教友。當我開始寫書的時候，我也不想體會從沒沒無聞的作者慢慢往上爬的過程，我想要的是寫出一本《紐約時報》暢銷書。我是典型的A型人格，想要盡快到達我要去的地方。但是當我回頭看我走過的路，我真心感恩全國社區教會並沒有照我想要的速度迅速成長。假如我的教會成長得太快，我不確定我能否撐得過來。我真心感恩我花了十幾年的時間，寫了五、六次未完成的手稿，才終於出版我的第一本書《追逐獅子的人》（*In a pit with a lion on a snowy day*）。如果我在二十五歲時寫成這本書，而不是在三十五歲，那本書的內容就會充斥著理論，而無實質意義可言。

我喜歡神現在正為全國社區教會所做的事。奇蹟到處都在發生。生活中的素材比我們的計畫來得更豐盛。神每個禮拜都在觸動著幾千個生命，而我深深喜愛這每一分每一秒。我不會後悔那些我們月收入只有兩千美元的日子，也不後悔我們開始聚會的時候只有六個教友，或是在一個沒有空調的學校餐廳裡聚會。那些艱難的日子，讓我們學會怎麼用力祈禱，也迫使我們要長遠思考。

偶爾，我會需要一個沒有行程的空閒日子，但是那些日子在我們生命結束時，不會是我們會慶賀的日子。我們甚至不會記得那些日子。我們會記得的，是我們有很多事情要做的日子，是我們在神的幫忙下所完成的那些事。我們不會記得輕易得來的事物，我們會記得的是很難達成的事。我們會記得，在經過「冗長而枯燥」之後的另一端，有我們所等待的奇蹟。

在印加古道健行，是我做過最艱難的事情之一。走完那條古道要花四天的時間，因為在上面呼吸會很困難，而呼吸會困難的原因是它的高度很高。在我們終於抵達太陽之門（Sun Gate）的時候，是第四天的破曉時分，在那裡我們第一次看到了馬丘比丘。那裡應該是世界上看日出最美妙的一個景點。

我們花了三天多的時間，健行了將近三十哩的陡峭山路。旅程的最後一段，是從太陽之門到馬丘比丘山頂的城區，大約是一個小時的路程。我們抵達的時候，城區已經湧進了大批搭乘巴士到達山頂的觀光客。這些用聞的就可以輕易分辨出來。我們看起來、聞起來就像是步行了四天才抵達的人，而那些觀光客看起來就像是才剛吃完蛋黃微熟的煎蛋，還配了一杯咖啡。

剛開始我覺得很難過——我們可是花了四天才到這裡耶！之後，我就替他們感到難過了。我們可以用「印加的眼光」來欣賞這片景色，因為我們跟他們是用同樣的方式抵達那裡的。我們走了他們走過的路。古老的廢墟不應該那麼容易被進入，古老的真理也是一樣。那份經歷讓我學會了一個恆常的真諦：重要的不是你最後到達哪裡，重要的是你如何到那裡。

越艱難越好。在生命中是如此，在祈禱中也是如此。

往深處扎根

我的岳父鮑伯．史米格（Bob Schmidgall）是個畫圈人。他在伊利諾州的奈普維爾（Naperville）創立了加略山教會，在那裡牧道了超過三十年的時間。他的教會從一個教友成長到好幾千人，甚至成為美國最重要的福音教會之一。我從他那裡學到最棒的教訓就是：如果你把自己放在某個地方，讓自己紮紮實實地生根，那麼神就有無限的空間可以有所作為。他牧會的長壽激發了我的一個生命目標：牧養同一個教會超過四十年。他的慷慨也激發了我另一個生命目標：帶領全國社區教會奉獻兩千五百萬美元從事福音活動。

我的岳父是在伊利諾州中部的一個農場長大，因此他有角豆樹的視野。在鄉下成長的他，有早上早起的習慣。他是我認識的人當中最親近神的人之一，我認為那是因為他都在極早的時刻起床祈禱的關係。他會在全世界都還沒醒來之前，花一小時的時間屈膝跪拜。天氣好的時候，他還會讀三份報紙，在跑步機上跑個兩哩。我的岳母有一次跟我說，她得補強他褲子膝蓋部位的布料，因為那個地方永遠都最先破損。那三十年間，他都把自己放在同一個地方。那三十年間，他一直都在播種。那三十年間，他讓自己漸漸往深處扎根，直到根深柢固。

他的葬禮是我生命中度過最漫長、最痛苦的一個日子，那是在他五十五歲時突然過世的幾天之後。好幾千人前來致意，其中有些人根本沒見過他，但是他們的生命都間接受到他的牧道或是他的祈禱所影響。我們也看到一些人，是在聆聽我岳父接受一個電台訪談時才接受神的。我們還看到一些人，他們的媽媽或爸爸、兒子或女兒、兄弟或姊妹，是在加略山教會開始追隨神的。即使是現在，當我到國內各地領導人研討會去演說時，我也很少遇到有人沒被他的事奉所感動的，儘管他已經過世十三年了。他持續的祈禱，仍然不斷地結出果實。

在葬禮儀式之後，我們家人從教堂的小門出來，進入出殯隊伍前端靈車的後一輛車裡。當我們從加略山教會開車走五十九號道路到奈普維爾墓園，我看了看後照鏡，看見了我所看過最長的車隊。據奈普維爾警方表示，在我們已經駛入五哩遠的墓園裡時，教會的停車場還有車子持續開出來。

那就是大膽夢想、用力祈禱和長遠思考應該有的樣子。他遺留下來的是長遠的愛。他遺留下來的是停下、跪下，然後祈禱。他遺留下來的是很多的清晨和一些無眠的夜晚。

我們家在我八歲的時候就開始去加略山教會。那時它已經是個擁有幾千名會友的大型教會，但是我岳父記人名和辨識人臉的能力非常驚人，如果他遇過你一次，他就會永遠記得你的名字。儘管教會很大，他從來沒有失去他那顆牧養人們的心。他的好客與熱情，讓他感覺更平易近人。也許這就是為什麼在我的醫生發出病危通知、五六個護士衝進我的加護病房時，我爸媽覺得他們可以在半夜兩點打電話給他的原因。我那時候以為那是我的最後一口氣了。

那時，我的母親陪在我身旁，我爸爸打電話給資訊台，拿到史米格家的電話號碼。不到十分鐘的時間，我未來的岳父已經穿著他黑色的雙排扣外衣來到我的床邊，從那之後，我發誓他一定都直接這樣穿著睡覺。

我的岳父是個體型龐大的人，有很大的雙手。他的手看起來像是厚實的拳頭，當他為人們祈禱時，他的手會像帽子一樣包覆著他們的頭。我還記得，當他將雙手放到我頭上時，我覺得神不可能不答應他的祈禱。他跟神是如此親近且毫無隔閡。他對神的信心很令人安心。

他大可以讓一位同工代替他來，但他沒有。他大可以等到早上再來，但他沒有。他因為一個短訊而犧牲一夜的睡眠，來為一個正在為自己生命奮戰的十三歲小孩祈禱。他壓根沒想到這個十三歲小孩有一天會娶他的女兒為妻。他壓根沒想到這個十三歲小孩有一天會帶給他第一個孫子，一個有腹絞痛毛病的小寶寶派克。他不可能知道的，但那就是祈禱的美妙與奧妙所在。

你不會知道你在為誰祈禱。你不會知道神要如何、何時回應你的祈禱。但是如果你持續那些冗長而枯燥的祈禱，神就會給你一些很棒的回應。如果你願意打斷你的睡眠循環，你的夢想也許就會成真。

以祈禱度過寫作瓶頸

有抱負的作家常會問我，怎麼樣才能寫出一本書。我絕對不是什麼權威，但我簡短的答覆是這樣的：縮短睡眠。當我處在寫作期間，我會把鬧鐘設在比平常還要早幾個小時的時間，然後把自己拖下床，在鍵盤上思考幾個小時，之後才戴上牧師的帽子。

出版一本書是很好玩，但寫作就不是好玩的事。那是個冗長而枯燥的過程，尤其當你是個完美主義者時，那會是很痛苦煎熬的事情。我喜歡寫作嗎？是的。但是我真正喜歡的是完成寫作的那一刻。我希望這件事能變得越來越簡單，但它並非如此。寫這本書就跟寫上一本書的過程一樣，枯燥而冗長，而且我能肯定下一本書的創作過程一定也會跟這本書一樣，枯燥而冗長。但是，那段冗長、枯燥的過程，會演變成某一個人的奇蹟。

前幾天我遇到了一點寫作瓶頸（我已經把它視為寫作過程中正常的一部分）。有些日子你需要不顧一切地祈禱、不顧一切地寫作，即使你那時沒有任何文思泉湧的感覺。但是我遇到一個很糟糕的情況，更糟的是我還有截稿日期的壓力。我那時非常沮喪，於是那天我決定喝下第三杯含咖啡因的飲料——那是辦公室就在咖啡屋上方的風險，我們的吧台人員都知道要在三點過後把我推掉！

在排隊等待的時候，我聽到一個在對街工作的常客在談論我的上一本書《靈魂印記》（*Soulprint*）。吧台人員指著我說：「書的作者就在這裡。」那位常客告訴我，那本書在他回到正途的路上幫助過他，那讓他想到戒酒無名會那個冗長而枯燥的「康復十二步驟」中的第四步。他覺得我們的相遇是上天為他安排的機遇，事實上那是神為我安排的機緣。我在我的電腦前坐下來，帶著一份全新的使命感，幫助我不顧一切地祈禱，並安然度過我的寫作瓶頸。

那次相遇讓我想起我是為了什麼而寫作。我持續不斷地祈禱，是祈求讀者能夠圈起書中的一頁文字、一個段落或是一句話，能夠因此改變他們的生活。我已經確定，那些奇蹟只有在冗長而枯燥的寫作、修改過程之後才能發生。但是我相信，只要我不顧一切地祈禱度過寫作瓶頸，在另一端等著我的，將會是一個奇蹟。

第13章 找到專屬的祈禱姿勢

如何增強祈禱的打擊率

一九三一年是冗長而枯燥的一年。一九二九年的股市崩盤，讓美國陷入經濟大蕭條（Great Depression），而大多數的公司都掙扎著苟延殘喘。在這些掙扎的生意人當中，有個旅館業者名叫康瑞·希爾頓（Conrad Hilton），那時美國人已不再旅遊，旅館業受到重創，希爾頓還要跟旅館的侍者借錢才能吃飯。

在那些艱困的蕭條日子裡，希爾頓在紐約市看到一張沃道夫·阿斯多瑞亞（Waldorf Astoria）酒店的照片。沃道夫酒店可說是旅館界的聖杯，它有四個餐廚、兩百位大廚、五百名服務生、兩千間客房，甚至有自己的專用醫院和鐵路。希爾頓回想了一下，發現一九三一年是「狂妄夢想的時機」。當時的經濟危機並沒有阻礙他大膽夢想、用力祈禱或是長遠思考，他把沃道夫酒店的照片從雜誌上剪下來，在上面寫下「他們當中至大的」，然後把照片放在他辦公桌上的玻璃墊下方。每次希爾頓在他的桌前坐下來，他的夢想就會直直與他相視。

經過了將近二十年的時間。美國度過了經濟大蕭條，接著進入第二次世界大戰。從樂團風行的時代又接到比波爵士樂，然後就是嬰兒潮的開始。這段期間，希爾頓都持續繞著沃道夫酒店畫圈。每次他經過沃道夫酒店的時候，他都會摘下帽子，向他的夢想致意。

之後希爾頓得到了很可觀的旅館規模，包括紐約市的羅斯福（Roosevelt）旅館和華盛頓特區的五月花（Mayflower）旅館，但是沃道夫酒店——他心中的皇后——還是無法到手。他好幾次嘗試購買那間旅館，結果都失敗了，但是希爾頓持續畫圈。最後，在一九四九年十月十二日，在他為他的夢想畫圈了十八年之後，希爾頓再次行動了。他買下沃道夫公司的二十四萬九千零二十四個股份，讓他心目中的皇后正式成為他的旅館收藏中的王牌。

他怎麼辦到的？

希爾頓的確有很棒的交易敏銳度和精湛的談判技巧，他是一個深具個人魅力、勤勞而眼光獨特的人。但是真正的答案，可以從他的自傳中揭曉。那是他從他母親那裡知道的答案，他母親為他的兒子畫了祈禱圈，如希爾頓所說：「我的母親有一個適用所有一切的答案：祈禱！」

當康瑞．希爾頓還是個年輕孩子時，他的一匹小馬去世了。他受到很大的打擊，想要找到一個答案。他母親的答案就是一切的答案：「去祈禱吧，康瑞……將你所有的問題帶到祂面前。在我們找不到答案時，祂會有所有的答案。」[1]那個教誨不論在他年輕時或是他年老時都不曾消失。在那十八個冗長而枯燥的年頭，希爾頓就像一切都取決於自己那樣拼命地努力，也像一切都取決於神那樣拼命地祈禱。於是，他的堅持終於有了回報。

希爾頓自傳最後一部分的標題為「堅持並自信地祈禱」。在這裡，希爾頓提供了他生意方法的簡要說明——這也是他在生活中對一切事情的方法：「在成功生活的圈子裡，祈禱是將整個圓輪緊緊維繫住的接點。如果沒有跟神接觸，我們就什麼都不是。如果跟神親近，我們就能『戴上榮耀與得勝的皇冠，僅次於天使。』」[2]

下次你住到希爾頓飯店時，請記得，在它成為磚、成為泥的很久之前，它是一個大膽的祈禱。它是一記長射球，是一份長遠的想法。但是，只要你像一切都取決於自己那樣拼命地努力，同時也像一切都取決於神那樣拼命地祈禱，持續十八年之後，什麼事情都是可能的。我尤其喜歡希爾頓每次在經過沃道夫酒店的時候都會摘帽。那是一個謙卑、尊敬和信心的舉動。當你大膽夢想、用力祈禱、長遠思考，你就會知道，你的時機終究一定會到來。

希爾頓當然很慶幸能達到他偉大的夢想，但是他從未將皇后視為他最大的投資或是成就。他最高的權力和能力，就是在萬王之王面前屈膝。那是讓皇后的夢想能夠成真的原因。皇后永遠是歸屬於國王的。

祈禱的姿勢

但以理是古代世界中擁有最智慧頭腦的人之一。他是比文藝復興時代早了兩千年的復興人物，擁有異於常人的哲學和科學天賦。他可以拆謎解題，在同世代的人群中脫穎而出，沒有人能像但以理那樣夢想或是解析夢想。但是，讓他出類拔萃的不是他的智商（IQ），而是他的堅持商數（PQ）。但以理在世上最大的超力量上面畫了祈禱圈，因為他屈膝跪拜，君王和王國也都隨之屈膝。

但以理不只是在他過得不好的時候祈禱，他每天都祈禱。他不是只在掉進獅子坑時才撥打一一九，祈禱是他生活規律和日常慣例的一部分。祈禱就是他的生活，他的生活就是祈禱。

我確信但以理在被丟進獅子坑前一定有強烈祈禱，但那份強度只是堅持的副產品。他一直靠著祈禱來面對每一個情況、每一次機會、每一個挑戰、每一個人。也正是因為他祈禱的態度，促成了政治史上最不可能的執政躍升。一個囚犯如何變成當初將他囚禁起來的國家的總理呢？

只有神能成就。

---

1 Conrad Hilton, *Be My Guest* (New York: Simon and Schuter, 1994), 17.

2 Hilton, *Be My Guest*, 288.

但以理的竄升挑戰了政治科學，同時也定義了祈禱圈的力量。祈禱能邀請神介入這個等式當中，而一旦神介入了，一切都有可能發生。不管你是在衣帽間、會議室或是教室，都不重要。不管你是司法者、行醫者或是音樂家，也不重要。不管你是誰，不管你做什麼。只要你停下、跪下，然後祈禱，你永遠不會知道你將會到哪裡、會成就什麼、會遇到什麼人。

身體的姿勢是祈禱中很重要的一部分。它可以說是祈禱中的一個祈禱。姿勢之於祈禱，就像是語調之於溝通一樣。如果文字是你訴說的內容，那麼姿勢就是你訴說的方式。聖經裡有許多不同的姿勢描述，像是屈膝、俯臥趴下、雙手的放置，以及用油膏抹一個人的頭，這些都是有原因的。身體上的姿勢能幫助我們定位我們的心智。

當我在敬拜的時候伸出雙手，那象徵著我順服於神。有時候我會舉起緊握的拳頭，來慶賀神在十字架上為我成就的，並宣示祂得到的勝利。我們在一場精彩的戲劇結束後都會這麼做，所以，何不也在一首美妙的曲子當中這麼做？

在最近一期的四旬齋期間，我跟派克都比平常提早半個小時起床，花多一點時間讀聖經。我們還決定在祈禱的時候要跪下來。跪下來的這個身體姿勢，配合一顆謙遜的心，是世界上最有力的姿態。我不敢說跪拜的姿勢是否會增強我祈禱的打擊率，但是它至少會讓我站在正確的打擊點。我只知道：謙遜能夠榮耀神，而神也會榮耀謙遜。那麼何不跪下？那絕對不會有害的。

我最愛的祈禱姿勢之一，是跟貴格會（Quakers）的同工學習而來。我常帶領我們的會友如此禱告。一開始手心朝下，象徵我們要放下的東西。這是一個告解我們的罪過、譴責我們的恐懼、放棄主導權的過程。然後再將手翻轉過來，呈現接受的姿態。我們主動地接受神要給予我們的——不可言喻的喜樂、超越理解的平安，以及我們平白得到的恩典。我們用敞開的雙手和敞開的心，去接受聖靈的果實和禮物。

那些手的擺放、彎曲的膝蓋或是用油膏抹頭並沒有什麼神奇的，但是它們的確跟聖經有關，而且它們有一種奧秘之處，當我們做出這些聖經中所描述的動作時，就是在重複幾千年前人們所做的那些動作，而長遠思考的一個重點，就是認知那些將我們與精神上的先人們緊緊連繫的、超越時間的傳統。

我牧養的教會在信仰上是絕對傳統的，但是在實行方面就有些不傳統。在電影院聚會，本身就是很難維持教會傳統的一件事。電影銀幕是我們後現代的彩色玻璃，爆米花香就是我們的薰香。我們沒有實行很多聖經之外的宗教儀式，並不代表我們貶低聖經的傳統。我們相信教會應該是世界上最有創意的地方，並不表示我們貶低傳統。我們並非忠於「宗教」，那是人們世世代代建立出來的系統，用各種儀式圍繞住我們的信仰。我們所虔誠堅持著的，是聖經裡那些超越時間的傳統。

我已經學到「來得快、去得快」的道理。現在流行的趨勢最後也會退流行，現在不流行的最後也會開始流行。人類的傳統就像是個搖擺錘。在現在，唱讚美詩歌可能很老派，但是給它一點時間，吟唱詩歌就又會再次成為最創新的流行。我確信的一點是：聖經中的傳統是絕對不會退流行的。那些傳統不管是在現在還是在古老的年代裡都是很恰當的。當我們實行聖經裡所描寫的祈禱姿態時，就能幫助我們大膽夢想、用力祈禱和長遠思考。

向你的夢想摘帽致敬

我喜歡關於但以理祈禱姿勢的詳細描寫，那些細枝末節並不是不重要的。他一天祈禱三次，他到樓上去，他跪下來，他打開面向耶路撒冷的窗戶。那扇敞開的窗戶讓我好奇。即使在祈禱被下令禁止的時候，但以理還是沒有關上窗戶來掩飾他非法的行為。我打賭他一定反而把窗戶開得更開一點，祈禱的聲音也更大聲一點。當然問題就在於，為什麼他一開始就要打開那扇面向耶路撒冷的窗戶呢？

如果窗戶關起來，神又不是聽不到他。神的回應也不是取決於他的祈禱方向。不管我們面向北方、南方、東方或西方，神都可以聽得到我們。但是，面對著耶路撒冷，可以讓但以理面朝著他的夢想。他身體的姿勢反映出他內心的姿勢。那是他保持專注的方式。那是他將夢想擺在前方、擺在中央的方式。那是他圈起承諾的方式。打開面向耶路撒冷的窗戶，是但以理向著他心中的沃道夫摘帽致敬的方式。

在祈禱時接近你祈禱目標的人、事、地，感覺是很不同的，否則我未來的岳父大可以只在電話那頭為我祈禱，然後就可以回去睡覺。有時候身體上的接觸會幫助精神上的連結。接近會構成親近，接近可以宣示主權。畫出祈禱圈，就是一種畫出領土的方式——畫出神的領土。

我們還在聯合車站電影院聚會時，我花了很多個星期六的夜晚，在車站前的廣場祈禱。然後星期天早上，我經過走道的時候，會把手擺在每個電影院座位的上方。在我們剛開始以教會名義寄送大宗郵件的時候，沒有錢印製專用信封，所以就自己加工。我們不只是在信封上面貼標籤，還把手放在每個名字、每個地址、每個寄信人上面。一個最獨特的近距離祈禱，就是將一整個議會的辦公室都歸給神。我們一間一間辦公室地拜訪，把我們的手擺在所有東西上面祈禱，從椅子、櫃子，到糖果罐都不放過。

在我介紹畫圈人何尼給我們的會友之後，我已經聽到十幾種不同的應用迴響。華盛頓特區裡有很多辦公室和公寓都因此被祈禱圈起。在每一個案例中，近距離的祈禱都會讓這些祈禱不流於空泛的形式。就像神給約書亞的承諾：「你們走過的地方，我都要賜給你們。」那是神將我們視為祂的孩子、施展威能的一種方式。

我們花了很多年的時間，將手擺在F街二〇五號的牆上，祈禱天父能賜給我們F街二〇一號。當神回應了那些祈禱，我們就把手放到那些牆壁的另外一邊。我們走下那道二十呎的階梯，在我們咖啡屋的水泥地基上舉辦了祈禱聚會。我們不只是把手放在那些牆上，還將神的承諾寫在牆上，以此來圈住它們。那些牆壁填滿了我們的祈禱和願景。在很久之前，那個表演空間已經用隔音材料裝潢蓋過去了，但是它們依舊存在著。

打好心靈的底漆

我在大學時期做過一個暑期打工，就是刷油漆，但那並沒有持續很久，因為老實說，我不是很在行。不到一個禮拜的時間，我就被炒魷魚了。在我理所當然被辭退之前，我學到了一件事：打底漆是刷油漆時很重要的一部分。如果你沒有正確的底漆層，那麼你就永遠漆不完。如果你用淡的顏色漆牆壁，你就需要一個淡色的底漆；如果你要把牆漆成深色，那麼你就需要深色的底漆。看起來底漆好像不必要，好像只會花掉更多時間跟精力，但是事實上它會讓你事半功倍。

要謹記這一點。

紐約大學的心理學家約翰．巴赫（John Bargh）在過去幾十年，針對一般大學生進行了設定底漆的實驗研究。[3]這些實驗的其中之一，是關於句子重組的測驗。第一個測驗充滿了粗魯的字眼，像是打擾、困擾和入侵等等。第二個測驗則充滿禮貌的字眼，像是尊重、貼心和禮讓。在兩個測驗裡，受測者都以為他們是在做一個測驗智商的實驗，沒有一個受測者會刻意挑選某些字串，但是那些字串會潛意識地充滿他們。

在五分鐘的測試之後，學生被要求走到大廳，去跟負責實驗的人講述下一個課題。他們故意找來一個演員，在學生出現的時候刻意跟負責實驗的人談話，目的在於看學生們會等多久才打斷他們的對話。

巴赫想知道，那些已經被禮貌字眼先打底過的人，是不是會比那些被粗魯字眼打底的人，等待更久的時間才打斷對話。他猜想潛意識的預先打底會有一點作用，從量化的結果看來，那影響是很深刻的。先被粗魯字眼打底的群組，平均在五分鐘之後就會打斷談話，而那些被禮貌字眼打底的人，有百分之八十二的人根本不會打斷他們。要不是研究人員為這個測試設定了十分鐘的限制，誰知道他們還會耐心禮貌地等多久。

我們的心智在潛意識裡會不斷受到隨時發生的一切事物影響，而被打上預設的底色。這印證了我們的心智是「神奇妙非凡的作為」[4]，也證實了我們應該要好好監督自己，看我們容許了什麼樣的事物進入我們的視覺與聽覺皮層。那也是我堅信一定要用神的話語開啟每一天的原因——那不只是為我們的心智打底色，也為我們的心靈打底色。它不只是在我們的精神上打底，也在我們的情緒和關係上打底。當我們閱讀那些聖靈啟發的話語，那會幫助我們聽見祂的聲音，為祂的感召幫我們打好底。

3 引用於Malcolm Gladwell, *Blink: The Power of Thinking without Thinking* (New York: Little, Brown and Company, 2005), 53-57.

4 參見〈詩篇〉（聖詠集）一三九章十四節。

幾年前，兩位荷蘭研究學者也針對一群學生做了類似的底色實驗。5 他們從棋盤遊戲（Trivial Pursuit）裡挑出四十二個問題來問他們。有一半的學生要先花五分鐘的時間思考成為大學教授的意義是什麼，然後把所想到的全部寫下來。另外一半的學生則坐下來五分鐘，想想關於足球的事。

教授組答對了百分之五十五．六的題目。

足球組答對了百分之四十二．六的題目。

在教授組的人並沒有比在足球組的人還要聰明。而且，假如看球賽會降低智商，那麼我應該就是個白癡了，尤其是在足球賽季的期間！教授組的同學只是單純地待在一個聰穎的心境裡面而已。

那跟祈禱有什麼關係？

祈禱就是為心靈打底。祈禱將我們放在一個靈性的心境裡，祈禱幫助我們看見、抓住神隨時隨地恩賜給我們的機會。

雲雀與貓頭鷹

但以理已經打好祈禱的底，那不僅讓他的潛意識充滿神性，也讓他有超自然的洞察力，能為尼布甲尼撒（拿步高）王的潛意識心智打底。但以理看出了國王的夢想，因為他可以讀出國王的心，就好像祈禱可以賦予我們第六感一樣。

在科學與靈性的交叉口附近，有一個面向多變的原則，在大衛王（達味王）的打底練習中最能看出來：

> 上主啊，我要向你祈求；
> 清晨你聽見我的聲音；
> 太陽一出，我向你傾訴，
> 靜候你的回音。[6]

很多人沒有感覺到與神親近的原因之一，是因為他們跟神缺乏每天規律的相處；他們與神只有**每個禮拜相處一次**。換成是跟你的伴侶或是你的孩子，這樣相處可行嗎？這在神的家庭裡，同樣也是不可行的。我們需要建立起每天的相處規律，才能跟神維持每天的關係。最好的方式，就是用祈禱來開啟每一天。

每一天我最重要的時刻，就是一天開始時我用來閱讀聖經及陪孩子禱告的那十分鐘。沒有任何事情可以比得上這件事。這是每一天決定性的開始。它開啟了溝通的線

5 Gladwell, *Blink*, 56.
6 參見〈詩篇〉（聖詠集）五章二至三節。

路，讓我們從正確的起始點出發。

我明白，世界上有雲雀，也有貓頭鷹。貓頭鷹在整個世界都休息了才開始作息，雲雀則是太早就開始高興。但是不管你是貓頭鷹或是雲雀，你還是必須為了打好底而用祈禱開啟你的每一天。

在我自己的閱讀中，有一個決定性的段落，是著名佈道家慕迪（D.L.Moody）的自傳第一二九頁，我把那一頁摺起來做記號，並且在句子下面畫線。慕迪說，如果他在開始祈禱前就聽到鐵匠開始打鐵的聲音，他會感到心虛。不知為何，那幅景象把我從貓頭鷹變成了一隻雲雀。我覺得我的命運會取決於清晨的日出時刻。慕迪是個很棒的牧師，他更是個絕佳的祈禱者。誠如他自己所說：「比起擁有如加百利（加俾額爾）那般的口才，我寧願能夠像大衛那樣地祈禱。」[7]

我喜歡大衛聲音裡的堅定語氣：「清晨你聽見我的聲音……」那就是應該付出的代價，不是嗎？早起是很難的，但那就是用力祈禱會那麼艱難的原因。我在但以理身上看到了相同的決心。

然後大衛向神說：「我向你傾訴，靜候你的回音。」我們大部分人都只是等待，大衛卻是心懷期待地等待。那是很不一樣的。

我們最大的問題就是缺乏期待。我們低估了神的善良跟美妙的十五億五千萬光年的距離。針對這個問題的解決之道，就是祈禱。祈禱是高舉我們期許的方式。向神表明心意，就是大衛圈起神的承諾的方式。我不確定那些是不是書面寫下來的心意，但是它們在大衛的腦部網狀刺激系統中是自成一格的。

我將這個信條付諸實行的一個方式，是用祈禱度過我的每一天，而不只是靜觀日子過去。當我畫出祈禱圈，圈住我遇到的人，那會造成多麼大的不同。那會讓每個會面變成神聖的會面。當你以祈禱之姿進入一個聚會，那會製造出一個充滿正面能量的氣氛。

將自己的心意表明給神知道，是大衛向他的沃道夫摘帽致意的方式。那是他把面向耶路撒冷的窗戶打開的方式。那是他祈禱過日子的方式。

我們不知道他怎麼對待他每天的祈求。也許他把它們貼在皇室的冰箱上面，也許他用一個便利貼把它們貼在他的王座上。我們只知道，它們高舉了他的期待與渴慕。

找到專屬於你的儀式

跟每個人一樣，我也有和他人不同的獨特習性。不知道為什麼，我總是會把鬧鐘設在雙數的時間。鬧鐘設在單數的時間會讓我手足無措。我總是從我的右臉開始刮鬍子。我加完油之後，在還沒從左手邊的後照鏡確認過之前，我是不會開走的，因為我上次開

7 Donald Sweeting and George Sweeting, *Lessons from the Life of Moody* (Chicago: Moody, 2001), 128-29.

走時，把還留在油箱裡的加油槍從加油站上扯了下來。然後，我總是會把鞋子脫掉之後才開始寫作。

即使是耶穌也有祂的特殊之處。祂喜歡在清晨很早的時候祈禱[8]，即使前一天工作到很晚。祂於山間健行、於海邊漫步的時候，覺得自己跟天父特別親近。祂降臨到那些地方來，是因為近距離祈禱是祈禱中很重要的部分，而且這超越了地理關係；我想那是跟家系有關。

我有一個獨特的特性，是我偶爾會依據我祖父的聖經來奉獻。事實上，我今年可說是從〈但以理書〉（達尼爾）開始，因為我在實行但以理禁食法。在我祖父晚年，他深受醫藥副作用的折磨，讓他的手發抖得很厲害，以致他的手寫筆跡根本無法辨識。但是根據他畫底線的數量來看，〈但以理書〉是他最喜歡的一章了。事實上我很清楚，因為我曾經聽過他跟他的兄弟、表兄弟圍坐在桌旁，花了好幾小時的時間談論〈但以理書〉裡面的預言。他們都是長遠的思考者和長遠的談話者。

看見我祖父在聖經裡畫底線的句子，是很震撼也很有意義的，因為那能幫助我進入他的內心和靈魂之中。我希望自己在聖經裡圈起的承諾，也能夠幫助我的孫子們做同樣的事情。

祈禱的一個重要面向，就是找到你自己專屬的儀式、你自己的習性。就像但以理一樣，你必須找到你自己面對耶路撒冷的那扇窗。

我肯定畫圈人何尼一定在很多不同的時機、用很多不同的方式祈禱過。他有廣泛多樣的祈禱姿態。但是當他需要不顧一切地祈禱時，他畫出了圈，屈膝下跪。激發他畫出祈禱圈的是哈巴谷先知，他只是做了哈巴谷先知做過的事：

> 我要爬上瞭望臺，立在一個圈裡觀看。[9]

你在哪裡大膽夢想？你什麼時候用力祈禱？什麼能幫助你長遠思考？

你必須找出那些幫助你大膽夢想、用力祈禱和長遠思考的時間、地點和方法。當我想要大膽夢想，我會到國家藝廊去繞一繞。當我想要用力祈禱，我會爬上梯子，到以便以謝咖啡屋上面的屋頂去。當我需要長遠思考，我會搭電梯到國家大教堂六樓的觀景長廊去。

要找到對你有效的規律和習慣，這會花上一點時間。對別人有效的方法也許對你沒有用，反之，對你有用的方法，對別人可能沒有效。我總是會分享靈性導師章伯斯（Oswald Chambers）的一個感嘆：「讓神獨特地與人們同在吧，就像祂獨特地與你

8 參見〈馬可福音〉（馬爾谷福音）一章三十五節。

9 引用於 *The Book of Legends: Sefer Ha-Aggadah*, ed. Hayim Nahman Bialik and Yehoshua Hana Ravnitzky (New York: Schocken, 1992), 202.

同在一般。」10

撰寫本書的最大風險之一，就是盲目地實行這些祈禱原則。這不是一個公式，這是一種信念。這不是方法論，這只是神學論。老實說，祈禱圈是圓形也好、橢圓形也好、梯形也罷，都不重要。畫祈禱圈不外乎就是把我們的心意告訴神，然後充滿期待與信心地等待。如果在圓圈裡面行走，能讓你更堅定、更強烈地祈禱，那麼就讓自己走到暈眩吧。如果不行，那麼就找到某個方法，任何方法，來幫助你不顧一切地祈禱吧！

專注你的祈禱實驗

全國社區教會有一個核心價值：一切都是實驗。因為我們注重實驗，我們的會友就會覺得受到支持，而勇於嘗試用新的方法來實行古老的靈性原則。

幾年前，我主持了大衛和賽琳娜的婚禮。在婚前輔導的時候，賽琳娜告訴我他們愛情故事的緣由。那是一個促成婚禮的祈禱實驗。賽琳娜有個組織祈禱圈的朋友，他會找十個人來為一個人的一件事每天祈禱，每次的祈禱會持續三十天、四十天或六十天不等。他們的成效很驚人，於是那個祈禱經驗就在她的心裡播下了種子，在幾個星期之後，她也效法了那個點子，開始她自己的祈禱實驗。

賽琳娜找來了九個朋友，一起組成了一個祈禱圈。他們約定好要每天為彼此祈禱，而且決定把他們的祈禱專注在他們最主要的問題上——他們生命中的男人。這個祈禱圈裡的每個人不一定都彼此認識。事實上，他們並不是都彼此欣賞。但是，隨著他們開始每天為彼此祈禱，神就開始將他們緊緊連繫。他們會常常在受到感召的時候打電話給對方，分享他們在祈禱時神給他們的特別感覺。很棒的是，他們的祈禱不但常常目標一致，時間點也一致。

四十天後，他們決定延長他們的祈禱實驗四十天。第一個四十天充滿了靈性的衝擊，但他們卻因此受到鼓舞，因為那證明他們是在做正確的事情。在第二輪的四十天裡，他們在大大小小的事情上面看到了無比的勝利。就在那次的四十天裡，賽琳娜遇到了大衛。那是九個朋友專注的祈禱讓她能準備好遇見他，因為她在這段時間裡看清了一些她信以為真的謊言，以及她之前犯過的錯誤。然後她用祈禱圈起它們，同時她的祈禱圈團隊又畫上第二道圓圈來圈住它們。

我很喜歡這個祈禱實驗，不只是因為我很榮幸主持大衛和賽琳娜的婚禮，更是因為這個實驗是用力祈禱和長遠思考的完美結合：**用力祈禱＋長遠思考＝保持專注**。

如果你將你的祈禱專注在一個人的一件事情上，持續一個月或是一年，那會發生什麼事呢？只有一個方法可以知道：著手你自己的祈禱實驗。

10 Oswald Chambers, *My Utmost for His Highest* (Grand Rapids: Discovery House, 2006), June 13.

分秒遊戲

一九三○年一月三十日，美國語言學家及宣教士劉百克（Frank Laubach）開始了他命名為「分秒遊戲」（Game with Minutes）的祈禱實驗。他因為不滿意自己與神的關係，於是決定要做些什麼來改善。他跟終其一生都糾結在同一個問題的何尼一樣，劉百克抓著一個能框住他的祈禱實驗的問題：「我們可以隨時都跟神接觸嗎？」他選擇賭上他的餘生，試著回答這個問題。

劉百克把他之前學過的教條全部推翻，然後從平地重新建立他的祈禱生活。我們也應該這麼做。祈禱不是我們閉著眼睛、盲目地做的事情，我們要睜大眼睛祈禱。祈禱不是一串開頭是「親愛的耶穌」結尾是「阿們」的句子。事實上，最好的祈禱根本不需要文字，最好的祈禱是好好度過的生活。生活本身就應該是祈禱，就如同生活本身就應該是一個向神敬拜的動作。

劉百克用下列字句來描述「分秒遊戲」：

> 我們試著在心裡呼喚祂，每分鐘至少要找出一秒鐘的時間這麼做。我們不需要忘記其他事情或是停止我們的工作，但是我們邀請祂來分享我們做的、說的、想的每一件事。我們幾百個人都嘗試了很多次，才找到方法與祂分享我們清醒時的每一分鐘。[11]

劉百克玩「分秒遊戲」的方式之一，就是把祈禱發射到人們身上。有些人會沒有任何反應地走掉，但是有些人會突然轉過身來微笑。有時候，這會讓一個人的態度全然地改變。

經過六個月的實驗，劉百克在他的祈禱手札中寫下了這些字：

> 上個星期一是我出生至今最圓滿成功的日子，我成功地把我的日子全然、持續地交付給神……我記得當我用神給我的愛來注視人們的時候，他們也回看我，好像他們想要跟我走一樣。我在那一天，彷彿看見了耶穌「中了神的毒」並散發祂的靈魂與神無盡結合的光芒，日復一日在路上行走的那份神奇奧妙。[12]

像這樣的祈禱實驗，可以將你的通勤、行走、健身、聚會，轉變成一個有意義的靈性習慣。雖然我不會建議實際的發射動作，但那是啟動〈提摩太前書〉（弟茂德前書）二章一節一個很棒的方式：「首先，我勸你，要為所有的人向上帝祈求，禱告，代求，

11 Frank Laubach, *The Game with Minutes* (Westwood, N.J.: Revell, 1961).

12 Brother Lawrence and Frank Laubach, *Practicing His Presence* (Goleta, Calif.: Christian Books, 1973), June 1, 1930 entry.

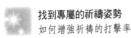

感恩。」

如果我們都停止閱讀新聞，而開始為它祈禱呢？如果把午餐聚會變成祈禱聚會呢？如果我們把每個問題、每個機會都轉換為一段祈禱呢？

也許我們就更能接近我們的目標：永不停歇的祈禱。

第14章 通往突破的捷徑：禁食

空腹會帶來更多的祈禱能量

在航空的世界裡，音障（sound barrier）曾被視為無法突破的屏障。很多工程師相信一馬赫（Mach）是一道無法穿越的氣牆，而且因為很多飛行員試著要突破那道牆的時候都犧牲了，就更加堅固了那個說法。在速度較低的時候，衝擊波是不會造成影響的，但是當航行器達到了較高速度時，就會造成新的氣體力學。當一架飛機接近音速，衝擊波就會增加，因而讓飛行員失去控制。飛行器前方所形成的空氣壓力會造成一股阻力，而因為在機翼上方的空氣會比底部的空氣速度還要快，依照柏努利定律（Bernoulli），這通常會造成毀滅性的俯衝。

英國人跟其他人一樣，在他們的試驗機「飛燕號」（Swallow）用〇．九四馬赫的速度自我毀滅之後，就停止了嘗試突破音障。但是那並沒有阻止一個名叫查克．葉格（Chuck Yeager）的年輕美國飛行員去嘗試那不可能的任務。

一九四七年十月十四日，一架四渦輪引擎的 B-29 從慕洛克機場（Muroc Field）起飛到加州沙漠的上空。在轟炸機的機腹，銜接著一架 Bell X-1 的實驗機型。在兩萬五千呎高的地方，X-1 從機身脫離，它的火箭引擎發動，然後上升到四萬兩千呎高。當機身接近一馬赫的時候，它開始劇烈震動。因為葉格在兩天前騎馬時摔斷了兩根肋骨，使得他控制飛機的挑戰更加艱鉅。他沒有將這件事告知他的同伴，因為他不想延遲締造歷史和達成夢想的機會。當他的飛機達到〇．九六五馬赫的時候，他的速度儀開始錯亂了。到了〇．九九五的時候，G力（g-force）讓他視線模糊，也讓他感到反胃。然後，就在飛機好像要解體的時候，發生了巨大的音爆聲響，隨後馬上又恢復詭異的寂靜。當飛機跨越音障的時候，時速七百六十一哩，空氣壓力從飛機前面轉移到後面。原本衝擊著座艙的衝擊波頓時轉變為一片玻璃海。葉格在關掉引擎之前，達到一．〇七馬赫，然後他回到了地面。那道不可突破的屏障已經被突破了。

我很幸運地聽到查克．葉格講述他在國家航太博物館（Smithsonian National Air and Space Museum）跟派克幼童軍（Parker's Cub Scout）團隊合作的經驗。在葉格演說的 IMAX 電影院外頭，掛著具有象徵性的 Bell X-1，以及其他歷史性的航行器和太空梭。每一架機器都代表著一種突破，每一架機器都是將不可能化為可能的象徵，每一架機器都見證了人類心靈的創造力和不可抵擋性，這些當然都是聖靈的恩賜。

就跟音障一樣，信仰也有信仰的屏障。在靈性層面，要突破信仰上的屏障，就像要突破實體上的音障一樣。如果你想要經歷一種超自然的突破，你就必須不顧一切地祈禱。但是，當你越接近那個突破點，你就越會覺得自己快要失去控制、瀕臨崩潰。那正是你需要堅持、更要不顧一切祈禱的時候。如果你此時懈怠的話，你的挫折就會造成阻力。如果你此時懈怠的話，你的懷疑會俯衝，擊毀你的夢想。但是，如果你不顧一切地祈禱，神就會顯現，而你將會經歷超自然的突破。

靈魂的音爆

在祈禱的時候，會有某個時刻就像是靈魂產生了音爆，你知道神回應了你的祈禱。在那個時間點，你的挫折和困惑都轉化成平靜的信念。你的精神變得像一片玻璃海一樣，因為你知道一切已不在你手裡，而是在神全能的手裡。那個阻礙你的自然阻力，將轉換成推進你的超自然動力。

我還記得我在靈魂裡清楚地知道，那一刻，神將要把我們用祈禱圈起的國會山最後一塊地恩賜給我們。我在前往祕魯旅行之前都不知道我們已經拿到契約了，但是我知道，即使我們原本失去它，最後我們還是會拿到它。我們依慣例召開的同工會議，結果變成了一場祈禱會議。我們跪了下來，但是我感覺那還不夠卑微。我感到如此依賴、如此絕望，最後我整張臉都伏趴在地上了。最後我只記得我失控地哭泣，在我呼喚神給我答案的時候，我的身體根本已經蜷曲了起來。

那些在神面前的絕對崩潰與不堪，都太少、太微不足道了。自我意識常會阻礙你這麼做，但是那一天並沒有。坦白說，那是很尷尬的，但是如果你是因為公義的原因而尷尬，那麼那就是神聖的尷尬。當你達到一個境界，你會更在乎神的意思而較不在乎人們的眼光，那麼你就越來越接近那個突破點。

我想，當時我們的同工有一點驚訝，但是他們也陪著我不顧一切地祈禱。他們在我四周圍成了一個祈禱圈。當你也在祈禱裡面同心一致，那就會像個雙重的圓圈一樣。當我覺得自己快要崩潰四散的時候，我的靈魂產生了音爆，就好像我靈魂深處的構造地層在變動著——疑惑轉化成信念。然後我知道，我可以停止祈禱了，因為我已經不顧一切地祈禱了。神已經回應了我。

但以理禁食法

在我生命中危急的轉捩點，我實行過「但以理禁食法」（Daniel fast）。之所以叫做但以理禁食法，是因為它遵循、啟發自但以理在他生命中的關鍵時刻所做的禁食行動。它跟完全的禁食不同，因為這種禁食法是只吃水果、蔬菜和水，而且實行的時候，禁食者心裡會有一個特定的目標和特定的限定時間。一場為期十天的禁食，讓但以理得到了突然晉升政治階層的機會；而另一場為期二十一天的禁食，則促成了他與天使的交會。

當你進行一連串的禁食和祈禱，就像是形成一條自動輸送的通道，可以讓你只花一半的時間就到達你想去的地方。禁食能讓我們的祈禱更迅速地直達天聽。因為禁食比祈禱還難，所以禁食就是一種更用力的祈禱。以我自身的經驗來看，它是通往突破的最佳捷徑。聽聽下面這段天使講給但以理的話：

但以理呀，不要怕。自從第一天你謙卑地在上帝面前祈求明白這異象的意思，他就垂聽你的禱告。我就是來為你解釋的。但是波斯的護國天使攔阻我，使我耽擱了二十一天。由於我單獨被留在波斯，有一位天使長米迦勒來幫助我。我來為你解釋將來你同胞所要遭遇的事；這是有關將來的異象。[1]

你可以想像自己和守護天使對話嗎？那將是我們抵達天堂時最具代表性的對話，不過但以理在俗世時就已得到了一段簡短的談話。對某些人來說，那會變成很漫長的談話，因為我們總讓我們的天使忙碌不堪。我相信對但以理來說也是如此，我不禁猜想他們談話時是否有順帶談到那個獅子坑。

如同所有的天使招呼語一樣，開頭都是「不要怕」，我猜那是一種天使的常態。接

1 參見〈但以理書〉（達尼爾）十章十二至十四節。

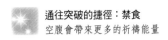

著，天使用只有聖經中才看得到的方式，展現出靈性世界的實相。我們知道我們不是為了肉身而努力，但是與天使相會讓這份努力得以具體化，使我們的肉身能夠看見。天使肯定了不顧一切祈禱的重要性，天使揭示了靈性的福祉遠超過我們意識的簾幕，天使告訴我們祈禱如何能傳達。

但以理的祈禱在他的話語還沒通過聲帶之前，就已經被答應了，但是因為靈性的阻攔，他要等到第二十一天才能經歷到突破。一個名為「波斯的護國天使」的邪靈阻攔了天使協助的召喚，讓他等了二十一天才成功。

我不禁要問一個反事實理論的問題：如果但以理在第二十天就放棄不顧一切地祈禱，那會怎麼樣呢？答案很簡單：但以理會在那天的前一天錯過了奇蹟。我不知道你目前是介於「不顧一切祈禱」和「突破」之間的哪個時間點。也許你還在第一天，也許你已經在第二十天。無論如何，你都可以帶著神聖的信念祈禱，你可以確定地知道，隨著你畫出的每一個祈禱圈，你就又拉近了一個祈禱的距離。不要放棄。你會跟但以理一樣，回應就要來了！

空腹：最有力的祈禱姿態

畫祈禱圈的方式不只一種。事實上，有時候這牽涉到的不只是祈禱而已。我相信禁食也是一種畫圈的方式。事實上，空腹可能是聖經中最有力的祈禱姿態。

連耶穌都說過，有些神蹟光靠祈禱是不可能發生的。有些神蹟只能透過祈禱和禁食才能成真。有些神蹟就像上了雙道門的鎖，只能透過祈禱和禁食的結合才能解開。

當我要做一個重大的決定時，我會用禁食來圈住它。那不只會清淨我的身體，同時也會淨空我的心和我的靈。當我需要一個突破時，我也會用禁食來圈住它。這樣不但能瓦解我正在面對的挑戰，也會解開我心中的死結。

也許有些事你已經在祈禱了，但你必須開始用禁食來祈求。你必須將它推到更高一個層次。你必須畫出雙重的圓圈，透過禁食來為你的小孩、朋友、以及你的事業畫圈。

我曾經這麼嘗試，透過在每年年初實行但以理禁食法，讓禁食成為我例行的常規。在今年的但以理禁食中，我感受到要去祈求七個奇蹟。我知道你在想什麼：「這人就只做這些嗎？」你大概也會懷疑，我是不是對「七」這個數字有特殊癖好。我向你保證，我沒有。而且事實上，我生平只做過兩次這樣的事。我甚至沒有想過，我能夠求或應該求的神蹟，會是什麼樣的數量和品質。

那距離我在石頭上寫下七個奇蹟已經好幾年了，我相信神想要再次擴展我的信仰。這次我沒有寫在石頭上，我下載了 Evernote App 程式，然後把這些祈求輸入到我的 iPhone 裡面。

上一次，我在七項奇蹟裡面中了兩項。這一次，則是七項中了五項。而且這次的七個奇蹟都比上次的七個奇蹟還要大。

我祈求的七個奇蹟當中的一個，就是償清以便以謝咖啡屋的一百萬美元的房貸。在禁食期間，我們付清了那一百萬元債務。事實上，我們根本償清了所有的貸款。因此我們在過去十二個月的期間，已經獲得了超過一千萬美元價值的不動產，那也是我們十年來第一次擺脫所有的債務！只有神能做到！

然而最大的奇蹟，並不是在金錢上。最大的奇蹟，是幾百人將他們的生命交給了耶穌基督。在我們上次的洗禮中，好幾十位全國社區教會的會友都公開認定了他們的信仰。我們請每位受洗者寫下他們信仰耶穌的見證，而我在讀這些見證的時候，因為熱淚盈眶而無法順利閱讀。他們每一位都是上帝全能和恩典榮耀的見證。

突破的起始時刻

現在讓我問你一個衍生出來的問題：但以理經歷的突破是什麼時候發生的？是在他開始畫圈的第一天嗎？或是在他不顧一切地祈禱，一直持續到第二十一天、天使終於出現的時候？

答案是「兩者皆是」。每個實質上和抽象上的突破，都有它的起始和啟示。突破分為第一個突破和第二個突破。

讓我回溯這個圈吧。

「你開始向上帝懇求時，他就答應你了。」[2]這個有力的啟示，能夠改變你對祈禱的看法。它會激發你大膽夢想、用力祈禱和長遠思考。在回應揭曉之前，這個回應早就已經給了我們。這很像耶利哥神蹟中，神用「過去式」來宣稱祂已經給了他們這座城。你知道勝利已經揭曉了嗎？我們還在等待它「未來式」的揭露，其實勝利已經在耶穌基督死而復活的時候得到了。**已經答應了**。這不僅在神展現恩典的時候如此，神在實現每個承諾的時候也是如此。每個回應在耶穌裡都是肯定的。過去式；現在式；未來式。回應的完整彰顯要等到神再次出現才能完成，但是勝利早已在手，一次即為永恆。

在奇蹟式地買下國會山第八街和維吉尼亞大道的最後一塊地之後，我以為神的工作已經結束，但其實神才剛剛開始。當神施展神蹟的時候，我們最大的風險就是耽於安逸。這時候，我們應該要保持謙遜，維持對神的渴慕。如果我們不警醒，就可能因為已經得到自己需要的，而失去了信仰。那不僅是對神蹟的處理失當，更是非常粗心的疏忽。神施展奇蹟的原因之一，是要擴展我們的信仰，讓我們能夠畫出更大的祈禱圈，好讓祂能施展出更大、更美好的奇蹟。

坦白說，我在第八街和維吉尼亞大道畫圈畫了四個月之後，已經感到筋疲力竭，我

2 參見〈但以理書〉（達尼爾）九章二十三節。

也已經滿意我們走過的足跡。這時候，我們會友裡有一個比他們牧師還要虔誠的人說：「我們必須相信，神會為我們安排這整個區塊的地。」剛開始，「一個城市的區塊」這個圈看起來好像過於巨大，讓我們實在畫不出來，更何況國會山的地價已經飆到每畝一千四百萬美元。但是，我的內心好像發生了一場音爆，我知道神要我們追求第七街和維吉尼亞大道路口的車廠。問題是，它根本沒有要出售。

我知道，如果我們沒有買下它，那間車廠會是我們的刺，因為它將會是個美中不足的地方。因此我們開始祈禱。老實說，我這次難得想要一個簡單的答案。諷刺的是，這個車廠居然非常難以取得。它的地主不僅拒絕出售，我們的地產經紀人還說，他們甚至在那些提出購買請求的人面前當場撕掉了合約──那些人提出的購買金額，比我們原本打算的購買金額高出將近兩百萬美元。這感覺像是一場不可能的戰役，除非神為我們打這場仗。但是，如果神為我們而戰，那我就知道勝利必然來到。

我知道，為了這個奇蹟，我們不能只是祈禱，必須結合禁食，於是我們在幾個月內進行了很多種禁食活動。同時我也覺得我們全體同工都必須把手放在這塊地上，於是我們在二〇一〇年九月十五日安排了一個小小的野外考察。在我們把手放在那些煤渣磚塊的牆壁上時，就是個起始的時刻。

經過了幾個月的時間，我們的協商一直陷入膠著。癥結點在於他們處於絕對優勢，他們知道我們想要它、也需要它，而他們卻不想要、也不需要賣掉它。我們唯一的優勢就是祈禱，但祈禱卻是個桿臂很長的槓桿。我們在那塊地上畫了無數個圈，數量多到我忍不住驚訝那牆壁居然沒有像耶利哥城的城牆那樣倒塌下來。

二〇一一年一月十五日，在我們把手放在上面之後的四個月，我正在飛往奧勒岡的波特蘭（Portland）途中。當飛機降落的時候，我的手機顯示一封來自地產經紀人的訊息，他告訴我那筆交易談成了。我不敢相信，但同時也可以相信。

當然，問題就在這裡：交易是什麼時候成功的？是在一月十五日成功的，還是在九月十五日就已經達成了？答案是「兩者皆是」。起始是在九月十五日我們將手擺在車廠的那一天，到了一月十五日才透過簽訂的合約彰顯出來。於是在二〇一一年一月十五日，我們大概是全美唯一同時擁有一間咖啡屋和一間車廠的教會。

改變生命的決心

每個奇蹟都有個起始的時刻。

在西元前一世紀，那個時刻是名叫何尼的智者在沙地上畫了個圓圈。對摩西來說，那個時刻就是在他向眾人宣稱神會在荒郊野外提供肉食給他們，儘管他不知道神要怎麼辦到。對以利亞來說，那就是在他下跪七次祈求降雨的時候。對但以理來說，我想，那就得回溯到他的一份決心。

命運並不神秘。不管是好是壞，你的命運都是你日常決心和重大決定的結果。

但以理決心要停下、跪下，然後祈禱，一天三次。那些日常的決心都會累積起來。如果你每天都下定決心，那就會有累積的效果，讓你在未來的生命中得到等值的回報。

伴隨著日常的決心而來的，還有一些重大的決定。我們在生命中只做過少量的重大決定，然後就要花上我們剩下的時間好好安排它們。也許你曾做過一些不好的決定，讓你到了不想要去的地方。但是好消息是：**你只要再做一次重大的決定，就可以換得截然不同的生活**。

但以理在他十幾歲的時候做了一個重大的決定。那看起來沒有什麼，但是那改變了他的生命歷程，也改變了歷史。但以理晉升到政治高層的過程，可以回溯到一個決心：「但以理決心不沾王宮的食物和酒，免得自己在禮儀上不潔淨。」[3]

但以理冒著名聲受損的風險，拒絕了王宮的食物。那是對國王的侮辱，但是但以理比較在乎的是不汙辱神。但以理知道那會觸犯猶太教在飲食上的信條，雖然那看起來好像沒什麼，但是如果你在小事情上面順從神，那麼神就知道祂可以用你來成就大事情！但以理不願意在小事情上面妥協，才能使他做出重大的突破。但以理進行了為期十天的禁食，讓他得到國王與重要官員的青睞，那份青睞進而幫助他在政府中得到第一份工作。然後「住荊棘中上主的喜悅」持續為他打開了一連串升遷的大門，直到但以理達到了一人之下、萬人之上的地位。

我不知道但以理是否曾經有過那種出神的時刻，看著鏡子裡的自己，問自己說：「我是怎麼到達這裡的？」答案是：**日常的決心和重大的決定**。千萬不要低估一個能夠改變你生命的決心，那可能會是一個起始的時機。但以理的命運可以一路回溯到一個不想玷汙他自己的決心，但是，下定這個決心，比堅持那份決心還要簡單——那就是祈禱搭配禁食，然後，發揮效果的時刻終將來到。

一試再試

二〇〇九年五月，布萊恩和他的妻子克莉絲緹娜看了電影「搶救愛情40天」（Fireproof）。那既是個起始，也是個真相的揭露。它揭露了一個真相，就是布萊恩知道自己對色情影片的愛好會摧毀他的婚姻，就像那部電影裡所描寫的一樣。這個癖好從他十二歲的時候就已經讓他感到困擾。那是個起始，因為布萊恩跟但以理一樣，下定了決心不要玷汙他自己。

布萊恩跟他大學時的女朋友在一九九五年結婚，但是在她出去工作的時候，他還是會偷看色情影片。他以為在他們有了第一個孩子之後，他就會戒掉這個習慣，但是沒這

3 參見〈但以理書〉（達尼爾）一章八節。

麼幸運。然後，在看完了「搶救愛情40天」後，他祈求神幫助他戒掉這個癮。六個禮拜過後，他失敗了。一年過後，在贏了幾次又輸了幾次之後，他再次把自己交付給神。六個禮拜過後，他又失敗了。然後在二〇一〇年六月二十九日，他把這個祈求釘到耶穌勝戰罪惡的的十字架上面。

我們心靈的敵人被稱為「我們弟兄的控告者」[4]，而說到這個，撒但（撒殫）控告我們的大多都跟色慾的罪有關。對男人來說，靈性的拉鋸戰通常都要在色誘的戰場上一較輸贏。只要你輸了一場仗，敵人就會要你放棄抵抗。我可以提醒你一件敵人已經很清楚的事：你也許會輸掉幾場戰役，但是那場戰爭你已經獲勝了。即使敵人從不會停止指責我們，但是我們全能的盟友絕對不會停止為我們而戰，也絕對不會背棄我們。

在二〇一〇年十月八日，布萊恩慶祝他戒掉色情癮頭超過一百天，那是二十五年來他戒掉最久的時間。那天晚上，他的教會的男性小組在他周圍形成一個祈禱圈，為他祈求靈性的純潔；他們為他祈求堅強的意志力——布萊恩從此以後就不一樣了。那不表示他可以停止畫圈，他必須不顧一切地祈禱。不過如今，布萊恩在他的教會裡帶領生命成長團體，用基督徒心理諮商師阿特伯恩（Stephen Arterburn）的書《好男人性戰實錄》（*Every Man's Battle*）來幫助其他人。布萊恩正在打一場勝仗，因為耶穌已經贏得這場戰役。他現在正為所有神帶進他影響範圍內的人們畫祈禱圈。

我欣賞布萊恩的地方在於，儘管他失敗了很多次，他還是繼續嘗試。大多數人會在畫了六個圈之後、二十天之後、或是兩次失敗後，就放棄嘗試。如果你第一次時錯失了訊息，只要你持續嘗試，你就不會失敗。**你會失敗的唯一原因，就是停止嘗試**。只要你還是繼續嘗試，即使你失敗了，你還是會成功。神在你不放棄的時候得到榮耀，神在你持續嘗試的時候得到榮耀，神在你持續畫圈的時候得到榮耀。

有一句老格言說：「如果你剛開始沒有成功，那就再試一次。」這句話的起源是一八〇〇年代早期，引用自美國教育學者湯瑪斯・帕爾默（Thomas H. Palmer）所編寫的《教師手冊》（*The Teacher's Manual*）。它的用意是要鼓勵美國學子做他們的作業，即使很難，但是有志者事竟成。

在靈性的旅程上，我們都會遇到挫折。如果你聽從了「對弟兄的控告」，就會感到失敗。有太多人都相信了這個謊言。事實是，神早已經得勝。只要能夠做出重大的決定和日常的決心，你就能夠保存這份勝利。這不一定是件簡單的事。事實上，你在枷鎖中待得越久，這件事做起來就會越困難。而且當你思考長遠的時候，那可能會是很艱鉅的一件事，然而長遠思考的一部分就是要把我們的夢想、目標和問題裁切成短期的步驟，而那永遠都要從初始的第一步開始。

圈起〈但以理書〉一章八節的經文吧！

4 參見〈啟示錄〉（默示錄）十二章十節。

下定決心不要玷汙你自己。

然後明天再圈起它一次。後天也一樣。大後天也是。

我們有些人無法下決心打那場仗，是因為不確定我們是否能勝利。但其實那場戰爭早在將近兩千年前在髑髏地就已經贏得勝利了。你要擔心的，只是如何贏得今日的戰役。明日的事，就交給神吧！

你可以保持你的決心一天嗎？你當然可以。

那個重大的決定會促成日常的決心，然後整體搭配起來，這些重要的決定和日常的決心會帶領我們走向截然不同的命運。

心靈 vs. 肉體

在耶穌被釘上十字架的前夕，祂在客西馬尼用力祈禱和長遠思考。祂將要面臨祂生命中最重大的考驗，祂知道那個夜晚祂必須不顧一切地祈禱。祂的門徒們應該要祈禱的，但他們都在睡覺。當祂去叫醒他們的時候，他們大概都假裝正在祈禱，但是流口水和打呼已經致命地洩漏了事實。當耶穌問他們：「你們不能跟我一起警醒一個鐘頭嗎？」[5] 你可以聽到祂聲音中的失落。

警醒，這個挑戰是值得畫圈的。不論是字面上的意思，還是與你切身相關的那部分。

耶穌總是為了祂的門徒不惜一切代價，但是門徒們卻無法不顧一切地為祂祈禱。他們甚至撐不過一個小時。當耶穌最需要門徒的時候，他們卻讓祂失望。那不僅傷了耶穌的心，耶穌知道那也會傷害到他們自己。

讓我扮演一下反事實理論家。

我在想，如果彼得不是在睡覺而是在祈禱的話，他還會拒絕耶穌嗎？也許是因為他沒有做好他的祈禱功課，所以他才三次都沒有通過考驗？[6]我們把那三次的否認當作三次的試煉，那也許就是三次讓他成功的機會。儘管我無法證實，但是我認為，如果彼得不顧一切地祈禱，他就會通過考驗。可惜他並沒有。

然後耶穌一針見血的話，把我們全部都說中了：「你們心靈固然願意，肉體卻軟弱了。」[7]這句話真是再真實、貼切也不過了。

大多數人的靈魂都是願意的，軟弱的肉體卻阻礙了我們。問題不在於你想不想要，而在於你有沒有力量——更仔細地說，是意志力。這時候，禁食就能有所幫助。禁食可以給你更多祈禱的能量，因為它是一種意志力的展現。生理上的規範給你靈性上的規

5 參見〈馬太福音〉（瑪竇福音）二十六章四十節。
6 編注：耶穌曾在被捕之前預言，彼得會在雞叫前三次不認他。彼得極力否認，結果在耶穌被補後，他因為害怕，果然三次不承認與耶穌的關係。為此他一直都很後悔。
7 參見〈馬太福音〉（瑪竇福音）二十六章四十一節。

範，讓你不顧一切地祈禱。**空空的肚子會促成飽滿的心靈**。祈禱和禁食的串聯可以給你力量和意志力，讓你可以不顧一切地祈禱，直到你經歷突破點。

進入神之軌道的逃逸速度

一九六九年七月十六日，阿姆斯壯（Neil Armstrong）、柯林斯（Michael Collins）和艾德林（Buzz Aldrin）在甘迺迪航天中心（Kennedy Space Center）登上了阿波羅11號39A發射板。這架多層次的火箭重達十萬兩千九百零七磅，卻負載了五百六十二萬五千磅的推進燃料。

突破音障是一回事，衝破地球的大氣層又完全是另一回事了。在起飛之際，五個引擎製造出七百五十萬磅的推力，才能超越地球的地心引力，然後達到時速一萬七千五百哩的逃逸速度（escape velocity）[8]。但那僅能讓你進入到軌道而已。如果你要發射到月球，你就得加速到時速兩萬五千哩。

祈禱是我們逃離肉體受到地心引力的拉扯而進入神之軌道的方式。那是我們逃離大氣層、進入祂的太空裡的方式。那會使我們克服人類的限制，進入到任何事情都成為可能的超時空範疇。

沒有祈禱，就達不到逃逸速度。憑藉著祈禱和禁食，你就不會再有疑慮。它就像串連的層板，一層層地帶領你朝著從沒想過的心靈高度前進。你不會只是逃脫大氣層；只要你祈禱得更用力一點，禁食得更久一點，你也許就能發射到月球去。

一九六九年七月二十日星期天，艾德林和阿姆斯壯將他們的月球模組老鷹號（the Eagle）降落到月球的寧靜海（Sea of Tranquility）上。他們在那裡做的第一件事，就是以聖餐禮（聖體聖事）來慶祝。礙於曼德林．穆瑞奧黑（Madalyn Murray O'Hair）提出的告訴，當國家太空總署播放阿波羅8號（Apollo 8）太空人朗讀〈創世紀〉的時候，他們決定把那部分的轉播改成黑色畫面。

艾德林，美國基督長老教會的資深教友，拿出由德州休士頓的韋伯斯特基督教長老會（Webster Presbyterian Church）提供的聖餐禮組，在六分之一的重力中，葡萄酒液一滴滴捲起來，悠悠地從杯緣飄上來。就在吃麵包和喝葡萄酒之前，艾德林讀了〈約翰福音〉（若望福音）的經文：

> 我是葡萄樹，你們是枝子；常在我裡面的，我也常在他裡面，這人就多結果子，因為離了我，你們就不能做什麼。[9]

8 編注：克服地球引力的速度。

9 參見〈約翰福音〉（若望福音）十五章五節。

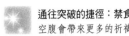

當你距離地球二十三萬八千八百五十七哩遠的時候，你應該很難不大膽夢想。當你在外太空用時速兩萬五千哩的速度旅行時，你應該很難不用力祈禱。當你在月球表面看地球升起時，你應該很難不長遠而另類地思考吧。

在這個世界最偉大的科技壯舉之後，艾德林圈住了關於結果子的比喻。從客西馬尼園到寧靜海的距離是很遙遠的，不管是以哩計的距離，還是以年計的距離。但是當你種下角豆樹，你就不會知道它們會在什麼時候、在什麼地方、以什麼樣的形式結成果實。但是它們會在兩千年之後，在二十三萬八千八百五十七哩之遙的地方結下果實。它們會結下果實，從現在到永恆，從此處到無窮無盡。

第15章 列出你的生命目標清單

設定有期限的夢想

一九四〇年一個下雨的午後，一個名叫約翰．高達（John Goddard）的十五歲夢想家，他拿出一張紙，在紙張上方寫下「我的生命目標清單」。整個下午，他寫下了一百二十七個人生目標。一個下午居然可以做出這樣神奇的事，很令人吃驚不是嗎？在邁入五十歲的時候，約翰．高達已經完成了那一百二十七個目標中的一百零八個，而且那些都不是普通的目標，例如：

☑ 採集毒蛇的毒液。
☑ 裸潛到海水以下四十呎深的地方，然後在水中憋氣兩分半鐘。
☑ 學習柔道。
☑ 研究婆羅洲的原始文化。
☑ 在航空母艦上降落和登陸。

☑ 在五分鐘內跑完一哩路。

☑ 參加教會傳福音的出訪行程。

☑ 追溯馬可波羅和亞歷山大大帝的歷史足跡。

☑ 學法語、西班牙語和阿拉伯語。

☑ 吹直笛、拉小提琴。

☑ 為羅德西亞（Rhodesia）的維多利亞瀑布（Victoria Falls）拍照。

☑ 用 a.22 來福槍點燃一根火柴。

☑ 登上吉力馬札羅山（Kilimanjaro）。

☑ 在科摩多島（Komodo）上研究科摩多巨蜥（Komodo dragons）。

☑ 組架一支望遠鏡。

☑ 把聖經從頭到尾讀過。

☑ 環繞地球旅行。

☑ 參訪索倫森祖父在丹麥的出生地。

☑ 在《國家地理雜誌》刊登一篇文章。

約翰・高達的目標中，我最喜歡的一個是他從未達成的：**到月球去**。那真的是大膽夢想和長遠思考。他在還沒有任何人衝出地球的大氣層時，就已經定出了那個目標！

約翰．高達並沒有達成他定下的每一個目標。他從未爬上吉力馬札羅山；他原本想要到世界上所有國家去旅行，結果還是差了一些國家沒有去成。這一路上還有一些挫折，他想要研究科摩多巨蜥（世界上最大的活蜥蜴）的目標，因為他的船在離岸二十哩的地方毀損而受阻。因此他並沒有達成他所有的目標，但是我猜如果他當初沒有定下那些目標，他應該連一半的目標都不會達成。畢竟，你不會去完成你從沒定下的目標。

大腦是個追求目標的器官。立定目標會在你的大腦中製造出構造性的張力，讓你試著拉近你目前所在位置和你想要去的地方、你真正的樣子和你想要成為的樣子這兩者之間的差距。如果你不定下目標，你的心智就會停滯不前。立定目標對你的右腦想像力是很好的運動。它對你的祈禱生活也頗有助益。

當我第一次讀到約翰．高達的生命目標清單時，我就受到啟發，於是我也列出自己的生命目標清單。雖然我在十年多前就寫下了這份清單，但我還是把這份超過一百個人生目標的清單當作最初的草稿。每年我都會把清單上的幾個目標剔除，同時也會加入一些新的目標。

有限期的夢想

生命目標跟大膽夢想有什麼關聯？還有，立定目標跟用力祈禱、長遠思考又有什麼關係？答案是「一切都有關係」。立定目標是同時做好這三件事的極佳方式。

1. 立定目標是用力祈禱的前因和後果。在最開始，祈禱是目標的培養皿。你越是祈禱，你就越會受到啟發，去追求神等級的偉大目標。然而祈禱不只是啟發神聖的目標而已，它也會確保你持續用力祈禱，因為那是你能夠達成神等級偉大目標的唯一途徑。簡單來說，祈禱會自然而然地演變成目標，目標也會自然而然地變成祈禱。目標讓你有一個祈禱的標靶。

在詹姆斯・柯林斯（Jim Collins）和傑利・薄樂斯（Jerry Porras）的創新書籍《基業長青》（*Built to Last*）[1]中，介紹了BHAGs這個概念（Big Hairy Audacious Goals的首字縮寫，分別指：宏偉、艱難、大膽的目標）。我把G換成了P。我把我那些神等級的目標視為宏偉、艱難、大膽的祈禱（Big Hairy Audacious Prayers，簡稱BHAPs）。它們會促使我就像一切都取決於自己那樣拼命地努力，同時也像一切都取決於神那樣拼命地祈禱。

2. 立定目標是長遠思考的好辦法。我已經做到了我清單上將近四分之一的生命目標。其中有一些項目，像是為國家足球聯盟教堂演說或是訓練我每個小孩的運動團隊，我還做到了很多次。但是，我有很多生命目標是要花上一輩子的時間才能達成的。我大概要等到七十五歲的時候才能寫出二十五本書。在我還沒有孫子之前，我也沒辦法支付孫子的大學教育費用。而且我也不知道我何時才能像五旬節的時候那樣，在同一時間、同一地點讓三千人受洗，但我還是把它列在我的生命目標清單裡。那就是它們成為生命目標的原因——它們也許會花上我們一輩子的時間來達成，但它們是值得我們等待和努力追求的。

3. **最後，立定目標是大膽夢想的實際方式**。如果祈禱是夢想的初始，那麼目標就是夢想的表露。目標是明確的具體夢想。雕塑身材不是一個目標，那只是一個願望。然而，跑半馬（全程馬拉松的一半）就是一個目標，因為你知道，在跨越那條終點線的時候，你就成功了。

目標是有期限的夢想。如果你的個性像我一樣，那這些期限就是你真正的生命線。如果沒有設立期限的話，我根本無法成就任何事情，因為我做事不但拖拖拉拉，又是個完美主義者。那也是為什麼我們有很多夢想都無法實現的原因。如果你沒有給你的夢想一個期限，它會在你察覺之前就夭折了。期限會讓夢想一直活著，期限會讓夢想起死回生。

我夢想寫一本書，想了十三年，但是因為缺乏實行的期限而差點扼殺了這個夢想。等到我真的定下一個期限，就是我三十五歲生日那天，我才有辦法完成我的第一份手稿，然後完成這個生命目標。

---

1 Jim Collins and Jerry Porras, *Built to Last* (New York: HarperCollins, 1994), 93.

想像你的夢想

「讓我知道你的視野，我就可以告訴你你的未來。」

當我聽到這段話的時候，我才二十一歲，而這段話我永遠都忘不了。不只是那些字句讓我印象深刻，而是因為這句話是從世界上最大教會之一的牧師口中說出來的。他的話語格外有份量，因為他知道他在說什麼。很少人做過比他更大的夢想、比他更用力地祈禱了。

聖經上說：「沒有異象，民就放肆。」[2]相反地，如果有，人們就會興盛。未來總是分兩次創造出來的。第一次是在你想像未來願景的時候，第二次是在你真正實現它的時候。

異象始於想像。一九九五年，哈佛研究員帕斯科．里昂（Alvaro Pascual-Leone）做了一項研究，闡釋想像的重要性。一群志願參加者在神經傳達器觀察著他們腦部活動的同時，用五根手指頭練習彈鋼琴。毫不意外地，神經影像顯示腦部的運動皮質在他們彈琴時很活躍。然後研究學者請參加者在心中想像練習那段鋼琴彈奏，結果得到以下的結論：想像的動作會在大腦皮質造成突觸上的變化。

這項研究的數據印證了運動員都本能知道的事情：心理的演練跟實際的演練一樣重要，甚至更加重要。心理會戰勝外在事實，那見證了右腦想像力的力量和明確夢想的重要性。當你夢想的時候，你的心靈會形成一個心理的圖像，那會變成你命運的相片和通往你命運的地圖。那幅未來的相片是信仰的一個面向，而你把它裱框起來的方式，就是用祈禱圈住它。

一九九二年，一個加拿大籍游泳選手馬克·特克斯培里（Mark Tewksbury）在巴塞隆納奧運贏得兩百公尺仰泳的金牌。當他走上頒獎台時，那並不是他第一次走上去。他在比賽的前一天晚上就已經站上了那個頒獎台，在事實發生之前，他就已經想像過了。他的心靈之眼已經預見了比賽的每個細節，包括他以指尖之差而逆轉獲得的勝利。

在一九八三年的美國盃，澳洲的帆船隊伍也在預備時期這麼做。他們的教練在比賽三年前就錄了一段澳洲隊擊敗美國隊的錄音帶，他在帆船破水前進的背景聲中述說比賽的情況。每一個隊員都必須聽那捲錄音帶，一天兩次，如此持續三年。在他們從聖地牙哥灣開始航行時，他們已經在想像中擊敗了美國隊兩千一百九十次。

「想像」這個簡單的動作，不只會在你的心裡重新佈圖，它會自己形成一張地圖，而那就是訂定目標的目的。如果夢想是終點，那麼目標就是帶領你到達那裡的衛星導航系統。因此，在分享我的生命目標清單之前，讓我回溯我的腳步，同時解釋一下我是怎麼走到這些地方的。

2 參見〈箴言〉二十九章十八節（此段「異象」亦譯作「默示」）。

設定目標的十步驟

目標跟我們一樣是獨一無二的，它們應該反映出我們獨特的個性和喜好。我們會透過不同的途徑達成這些目標。這十個設定目標的步驟，可以在我們圈住生命目標的時候指引我們。

❶用祈禱開始

祈禱是讓設定目標的過程能輕易上手的最佳途徑。我極度建議配合退省（避靜）[3]或是禁食。我在馬里蘭的康柏蘭（Cumberland）岩石裂口度假小屋避靜兩天時，想出了我最早的生命目標清單。那段令人放鬆的行程讓我有空閒能大膽夢想、用力祈禱和長遠思考。我最早的清單只有二十五項目標。在幾年後一場為期十天的禁食期間，我又修改、加長了那份清單。

如果你是在祈禱的前提下設立目標，你的目標就比較有可能榮耀神，而假如它們不能榮耀神，那它們根本不值得被設立。因此，就從祈禱開始吧！

❷確認你的動機

如果你設立了一個自私的目標，那麼沒有達成目標反而對你的信仰更好。因此，你必須確認你的動機。你必須在鏡子前慢慢地、誠實地審視一番，確定你是為了正當的理由追求你的目標。

全國社區教會的其中一個目標——成立一個家庭基金會——是從我在一個慈善基金會擔任董事的經驗啟發而來。成立這個基金會的人，在倫敦旅遊的時候被汽車撞到而身亡，但他早就把這個基金會寫進他的遺囑裡。即使他已經過世二十年了，但他的遺澤讓幾百個團體依然能用獎勵金的方式收到贊助基金。不管我們收到的是多是少，那份慷慨的遺澤啟發了我們去為人們做些事，就像一個家庭互相幫助一樣。

在分享我的生命目標清單時，我知道我冒著個人名聲的風險，因為有些目標的動機很容易被錯誤解讀。例如說，擁有一間度假小屋，這可能看起來很自私，但我們的動機是要用那間房子讓那些沒有能力去度假的牧師蒙福。為什麼？因為其他人在我們沒有能力去度假的時候，也是以這樣的方式讓我們蒙福的。我們最深的動機，是單純地想要迴轉這份祝福。

雖然在為目標排序時，這項目標被排在最後幾項，但它並沒有被勾除。當然，我們不會犧牲「奉獻的目標」來追求這個目標，因為奉獻的目標是超越其他任何跟財務有關的目標的。在十多年前，我在財務上有了很大的變化。我停止再設定「獲得的目標」，

3 編注：參與者暫時抽離俗務，在神師或靈修輔導員帶領下進行祈禱、省察或其他靈性操練。

而開始設立「奉獻的目標」。我們所有財務上的目標都是奉獻的目標，因為那才是我們的重點。我們想要賺取更多，動機就是為了要奉獻更多。畢竟，雖然你是依賴你所獲得的而生活，但是透過你所奉獻的，你可以創造生命。

❸分類思考

想要憑空設立出生命目標是很難的，因此我建議可以參考其他人的生命目標清單。不要複製貼上其他人的目標，但那是找出你自己想法的很好方式。

另外一個對我有幫助的辦法是分類思考。我的目標可以分為五大類：⑴家庭；⑵影響力；⑶經驗；⑷體能；和⑸旅遊。這很明顯地漏掉了一個種類：信仰上的目標，但那是刻意的。我的所有目標其實都有信仰的面向，有些還很明顯地有信仰上的意義，像是帶我每個小孩去參加福音出訪或是徹底閱讀七種不同譯本的聖經。但是，跟我兒子一起參加鐵人三項同樣也是靈性的體驗。任何可以培養身體規律的目標，都會同時培養出靈性的規律。

即使是清單中看起來最不靈性的目標，像是去參加超級盃，最後也有靈性的成分。在包裝工人隊（Packers）贏得二〇一〇年國家足球聯會的冠軍賽資格之後，我在推特上說我願意為了門票而去講道。我那時是半開玩笑的，但是我在達拉斯的一個牧師朋友布萊恩．賈瑞特（Bryan Jarrett）卻當真了。我不會為了自己花錢買票，但是我很樂意去那邊為他們講道。而且，第四十五屆超級盃還剛好遇到裘夏的生日，所以他一定要跟我一起去！就在那天，我想我贏得了本日最佳爸爸獎。當然，缺點是從那次之後就只能走下坡了，因為他很難再獲得那麼棒的生日禮物！

我們兩個都不會忘記那次的經驗，而讓那次經驗更有意義的是，我能在那裡講道、傳福音。我很興奮能參與超級盃的慶祝活動，然而那次的慶祝，和那天因為我的講道而使許多人信主的慶賀比起來，當然較為遜色。最後那個目標，成為我生命中最棒的雙贏經驗之一。

❹要明確

我們的目標要跟我們的祈禱一樣明確。如果一個目標沒有辦法計量，那我們就沒有辦法知道我們是否達成了它。如果我們沒有設定一個要在限定時間內達成的目標體重，那減重就不算是一個目標。

對我來說，提高目標明確度的方法之一，就是把它們加上歲數。我想要在五十歲和六十歲的時候完成鐵人三項。那就是兩個加上時間性的獨立目標。我也會加上細節來讓我的目標更具意義，例如：我不只是想看到艾菲爾鐵塔，我還想在艾菲爾鐵塔的頂端親吻蘿拉。

在我的奉獻目標和寫作目標上面加上數字是非常困難的，但是我最後決定，寧願把目標設高然後不好瞄準，也不要把目標設低然後可以輕易擊中。此外，我們可以隨時修正我們的願景。

我無法控制我賣出多少書，而且那一直都不是我的重點，我寫作是因為我受到感召。但是，心靈成長經典《心靈雞湯》（*Chicken Soup for the Soul*）系列的兩位作者坎菲爾（Jack Canfield）和韓生（Mark Hansen）所訂定的目標啟發了我。他們至今銷售了超過八千萬本的書，而他們二〇二〇年的願景就是賣出十億本，然後捐出五億美元做慈善。我欣賞那個目標的動機和明確性。

蘿拉和我的一個生命目標，是最後能用九十比十的比例生活。也就是說，我們想用收入的百分之十生活，然後奉獻出另外那百分之九十。那個目標是在閱讀了彭尼（J. C.Penney）的自傳後所得到的啟發。彭尼是同名百貨公司的創辦人，他一開始是奉獻百分之十、自己用百分之九十生活，但是到了他生命的晚年，他奉獻出百分之九十，自己只用百分之十生活。每一年，蘿拉跟我都會試著提高我們回報給神的收入百分比。八十比二十和五十比五十是達成這個目標之前的基準點。最終，我們的目標是反轉什一奉獻，給神九十比十的比例。

既然講到了彭尼，我們也可以講講他對目標重要性的看法。「給我一個有目標的倉庫管理員，我就可以給你一個能創造歷史的人。」彭尼說：「給我一個沒有目標的人，我就只能給你一個倉庫管理員了。」

5 寫下來

我有一句話常常對我的家人、同工們說：「最短的鉛筆會比最長的記憶還長。」如果你還沒寫下你的目標，那麼你就還沒有設定它們。只有在你說出一個目標的時候，有力量的事情才可能發生，不管你是在對話中說出來，還是在日記本上寫下來。那不只是個好主意，那是神的主意：「將你看到的異像記下來，清楚地寫在石版上。」4

在不只一次的情況下，我在設立一個目標之後幾乎馬上就達成了它。幾年前，我在部落格上寫到我剛剛加入清單的新目標：到德國威登堡（Wittenberg）的城堡教堂（Castle Church），那裡是馬丁路德（Martin Luther）張貼他的九十五條論綱、因而激發了宗教改革的地方。隔天我收到一封信，邀請我去參加一個領導者和思想家的聚會，討論接下來該如何改革。地點？德國的威登堡，而且聚會時間就是在宗教改革日！

在設定目標的過程當中，你必須聚集勇氣把它說出來。「說出來」是一種信仰的舉動。當你寫下一個目標，你就對它有責任。祈禱日記也一樣。我以前都以為寫下來的祈禱是比較不虔誠的，因為它們好像不是自發性的。我現在的想法恰恰相反。寫下來的祈禱需要更多的信念，因為「寫下來」比「說出來」還要困難。不論是特別寫下來的祈禱或是一般的祈禱日記，最美好的地方就是你有一個自己祈禱的紀錄。我們時常忘記慶賀

4 參見〈哈巴谷書〉二章二節，原句為：「將這默示明明地寫在版上。」

一個祈禱得到了回應，因為我們忘了在神回應之前自己到底祈求了什麼！

❻涵蓋其他人

以前我的很多目標都是個人性質的，但現在我已經把大部分的目標換成了共同的目標。沒有什麼比共享目標更能穩固一段關係了。目標就是人際關係的黏著劑。神用大使命（Great Commission）來樹立典範。如果你想要成長、更親近神，那麼就去追求祂在將近兩千年前設立的偉大目標吧。我也發現，當你跟另外一個人一起追求同一個目標時，會讓你的喜樂加倍。

我有一個旅行的目標，是跟蘿拉到卡特琳娜島（Catalina Island）住一個晚上。我在十年前第一次造訪它的時候，就愛上了這個詩情畫意的島嶼。我在街道上散步，在城鎮中閒逛。我甚至因此勾掉了一個要在太平洋上玩海上拖曳傘的目標。那是神奇的一天，但我那時是一個人，如果是跟蘿拉在一起，感覺就會不一樣了。我整天都一直在想，真希望蘿拉也在。因此我的目標之一就是有一天要帶蘿拉去那裡，這樣我們就可以一起體驗它。

我有很多目標都是圍繞著我的家人，它們是依照我妻子和小孩的獨特個性和喜好而量身打造的。裘夏是超級足球迷，所以他加入了我去超級盃的目標。我女兒薩孟是很有天分的泳將，所以我想，遠離惡魔島游泳大賽（從惡魔島到舊金山的一．五哩游泳比賽）可以讓我們一起追求很棒的目標。而派克有我冒險的基因，因此他去年跟我一起去秘魯，從印加古道健行到馬丘比丘。

我的清單中最重要的生命目標之一，是為我的兒子們建立門徒的約定。我想我比一般父親犯過更多的錯，但我知道我需要把原則說清楚。當派克十二歲的時候，我用祈禱圈起了他的生日。我花了幾個月祈禱，並規劃了一個包含三方面的門徒約定：心靈上的、知識上的、體能上的。體能上的挑戰是為鐵人三項競賽做訓練及出賽。知識上的挑戰是要一起讀十幾本書。心靈上的挑戰包括詳讀新約聖經、認定我們的核心價值，以及整理出他第一份生命目標的清單。

在那一年的年終，為了慶祝我們完成了約定，我們決定共同去追求一個同時在彼此清單中的目標：健行走完整個大峽谷（Grand Canyon）。那兩天會永遠是我生命中最具挑戰性、最有成就感的兩天。我們在溫度上升到超過華式一百二十度的七月份去走那個二十三・六哩的健行。我在兩天內減了十三磅體重！那是我做過最困難的事情之一，但那也是它會如此刻骨銘心的原因。我絕對不會忘記在我兒子和我登上亮天使步道（Bright Angel Trail）和登上南緣（South Rim）時的感受。我們做的第一件事就是在小吃攤買一支香草冰淇淋來吃，然後站在山緣上回頭看看我們走過的步道。沒有人能把那個時刻或那段回憶從我們心中抹去。

❼一路慶祝

當你達成一個目標時，要慶祝它。當神回應了一個祈禱，辦一個派對吧！我們應該用我們祈禱時一樣的強度去慶祝。我最喜歡的希伯來文字之一就是 ebenezer（以便以謝），它的意思是：「到如今，耶和華都幫助我們。」[5]當你達到了一個神所賜的目標，那就是一個以便以謝的時刻。你要找到一個獨特的方式來慶祝它、紀念它。例如，每當我完成一本新書，我的家人會在出版的那一天，用特別的餐點來慶祝，而且我可以選擇我要的餐廳！

我最喜歡的家庭傳統，是在新年前夕到中國城的湯尼陳（Tony Cheng）餐廳用餐。我們圍在桌邊，分享我們過去一年來最喜愛的時刻。很棒的是，在那些回憶當中，有很多原本都是我們的目標。帶薩孟第一次去觀賞百老匯舞台劇，跟派克一起學習滑雪板，跟蘿拉一起在義大利慶祝結婚週年，這些都是我最棒的回憶，但是如同所有的記憶一樣，它們剛開始都只是想像而已。**設立目標是你將想像轉化為回憶的方式**，而一旦你做到了，你就應該慶祝它們。

❽大膽夢想

你的生命目標清單會包括一些大的跟小的目標，也會包括短期和長期的目標。但是我有一個忠告：確定你的清單上有一些宏偉、艱難、大膽的目標。你需要一些看似瘋狂、神等級的偉大目標，原因是：**偉大的目標會讓我們成為偉大的人**。

我的瘋狂目標之一是要拍一部電影。我不知道這個目標要如何達成。如果要我猜的話，比較可能的是我會寫一個劇本，而不是去當替身演員。但是誰知道呢？我完全沒頭緒這會如何發生，但是這個動機是來自我最早的記憶之一。在我五歲的時候，我看了一部名叫「回到藏身之處」（The Hiding Place）的電影，然後我就把信仰交給耶和華了。神不知為何用了電影當媒介來拯救我的靈魂。我也想要拍一部電影，來對另一個人造成同樣的影響。

❾長遠思考

很多人都高估了自己兩年內可以完成的事，卻低估了自己在十年內可以達成的事。如果我們想要大膽夢想，就必須長遠思考。大膽的夢想通常可以寫成「長遠的目標」。我想要帶領全國社區教會奉獻兩千五百萬美元來從事福音使命活動，這樣的目標不會在明年發生，但是如果我們在之後的二十五年間信實而無私地奉獻，我們終會達成它的。此外，蘿拉和我還想用一個我們兩人的長遠目標來帶領：在我們的生命中奉獻超過一千萬美元。

---

5 參見〈撒母耳記上〉（撒慕爾紀上）七章十二節。

記得畫圈人何尼一生中緊抓著不放的問題——**一個人有可能持續夢想七十年的時間嗎**？如果你想要持續夢想，直到你死去的那一天，你就必須設定一個要花一輩子才能完成的目標。而且什麼時候開始，永遠都不會太晚。我那位八十幾歲的肯納本（Ken Knappen）叔叔一直都夢想著要寫一本書，但是他一直到八十幾歲的時候才達成了那個目標。一個人有可能持續夢想七十年嗎？很顯然地，要一直夢想到你超過八十幾歲也是有可能的。

很可惜的是，大多數人都花太多時間在規畫他們的暑假假期，而忽略了規畫他們接下來的人生。那是右腦想像力較少發揮的結果。設立目標是很棒的方法。目標可以幫助我們促使事情發生，而不是被動地讓事情自然發生。目標幫助我們有巧思地生活，而不是照著常態生活。目標能幫助我們活出想像力，而不是活在記憶裡。

⑩用力祈禱

設定目標是從祈禱開始，也從祈禱結束。神賜的目標是在祈禱之下產生的，祈禱也是讓它們開花結果的途徑。你必須持續用祈禱圈住你的目標，就像以色列百姓繞行耶利哥城一樣。當你圈起你的目標，它不只會創造出神賜的機會，它也會幫助我們透過神賜的腦部網狀刺激系統，準確認出什麼才是神賜的良機。

找出神給的訊號

在大腦底部有一串神經細胞，名叫腦部網狀刺激系統（Reticular Activating System，簡稱 RAS）。我們不停地接收到無數個想得到我們注意的外在刺激，而 RAS 系統的工作就是決定哪些會讓我們注意到，哪些我們不會注意到。就像雷達系統一樣，RAS 系統會決定要讓哪些發出訊號。

當神給了我們打造咖啡屋的夢想時，我馬上就開始注意我去過的每間咖啡館裡面的一切。在那個夢想出現之前，我唯一注意到的是飲料的味道如何；在設定了那個夢想之後，我注意到所有事物：從招牌、座位、商店擺設到商品商標。打造咖啡屋的夢想，在我的腦部網狀刺激系統裡創造了一個類別，而我就開始依此收集各種點子。

這就是為什麼設立目標會這麼重要的原因。它會在你的腦部網狀刺激系統裡面新增一個類別，然後你就會開始注意到能幫助你達成那個目標的任何一切。同樣的原因，祈禱也是很重要的。它會升格你的腦部網狀刺激系統，讓你注意到神要你注意到的事物。你越是祈禱，你就會看到越多。

在使徒保羅（宗徒保祿）寫給歌羅西（哥羅森）人的信中，他把警醒和祈禱合併起來並不是偶然：「你們要恆切祈禱，在此警醒感恩。」警醒這個詞是衍生自古老的警衛兵，他的工作就是坐在城牆上，觀察地平線上是否有攻擊的軍隊或貿易的車隊出現。他們比任何人都看得還要快、還要遠。祈禱會打開我們心靈的眼睛，讓我們看見得更快、更遠。

在阿拉姆語（Aramaic）中，祈禱指的是「設一個捕捉器」。祈禱是我們捉住想法、夢想和點子的方式。捕捉祈禱的一個方式，就是要寫祈禱日記。我的看法是，寫日記是一種最被忽視、也最不討好的靈修方式，然而，寫日記就是造成「學習」和「記住」這兩種不同結果的原因，也是造成「遺忘」和「實現目標」這兩種不同結果的主因。

生命目標清單

我的生命目標清單一直都在變化，但是下面有最新的版本。其中有些目標可能看起來很誇張，有些看起來也很瑣碎。很明顯地，旅遊目標不像財務目標那麼重要，而財務目標又比不上家庭目標。這些目標並不是依照重要性或是優先順序來排列的。方框中打勾的目標，是我在寫這本書的時候已經完成的目標。

家庭目標

☐ 慶祝我們結婚五十週年。

☐ 將我的曾孫歸給神。

- ☑ 到義大利慶祝結婚週年。
- ☐ 到加勒比海慶祝結婚週年。
- ☐ 帶每一個孩子參加福音傳道出訪活動。
- ☑ 為每一個孩子訓練運動團隊。
- ☐ 支付我們孫子的大學教育費用。
- ☑ 創立家庭基金會。
- ☐ 為我們的孩子留下遺產。
- ☐ 寫一本自傳。
- ☑ 建立門徒的約定。
- ☐ 帶每個孩子參加朝聖遊行的儀式。
- ☑ 建立家庭的聖職徽章。
- ☐ 研究我們的家庭族譜。
- ☐ 到瑞典尋找、拜訪祖先的墳墓。
- ☐ 帶我們的孫子去州立博覽會。
- ☐ 跟我們的孫子去露營郊遊。
- ☐ 帶我們的孫子到迪士尼樂園。
- ☐ 在遊艇上慶祝家庭團聚。

☐ 在明尼蘇達州的亞歷山德里亞（Alexandria）慶祝家庭團聚。

影響力目標

☐ 寫超過二十五本的非小說類書籍。

☐ 在同一間教會牧道超過四十年。

☐ 幫助一百萬個父親與他們的兒子建立門徒的約定。

☐ 在一場大學畢業典禮上演說。

☑ 在國家足球聯盟的教堂演說。

☐ 寫出《紐約時報》暢銷書。

☐ 寫出小說題目。

☑ 創辦牧師督導小組。

☐ 建立作家研討會。

☑ 建立牧師研討會。

☑ 在大學教一堂課。

☐ 帶領全國社區教會達到每星期超過一萬人的聚會人數。

☐ 在同一地點、同一時間讓三千人受洗。

☐ 在衣索比亞建立孤兒院。

☐ 打造度假小屋。
☐ 拿到博士學位。
☐ 成立咖啡屋連鎖店，並把它們的淨收入奉獻給天國的事奉。
☐ 幫助建立超過一百間教會。
☐ 拍一部電影。
☐ 主持一個廣播或電視節目。

經驗目標

☑ 帶薩孟去看百老匯舞台劇。
☑ 與派克一起去印加古道健行到馬丘比丘。
☑ 與裘夏一起去看超級盃。
☐ 與蘿拉一起去卡特琳娜島住一晚。
☑ 與派克一起去玩海上拖曳傘。
☐ 去玩跳傘。
☑ 去玩高空彈跳。
☐ 和我的兒子們去參加牛仔營隊。
☐ 帶派克去電影節玩。

☑ 學習怎麼玩滑雪板。

☐ 學習衝浪。

☑ 搭直升機到大峽谷上空。

☐ 泛舟穿越大峽古。

☐ 申請三個月的假期。

☐ 到一個修道院去避靜。

☐ 與我的一個孩子一起去划獨木舟過夜。

☐ 與我的一個孩子去開賽車。

☐ 詳讀七種不同譯本的聖經。

☐ 搭熱氣球旅行。

☑ 和家人一起去騎馬。

☐ 在一間樹屋旅館過夜。

☑ 到藍寶球場（Lambeau Field）看包裝工人隊比賽。

☐ 到西班牙的聖地牙哥之路（Camino de Santiago）健行。

☐ 到潘普洛納（Pamplona）與牛群一起奔跑。

☑ 到愛爾蘭的聖安德魯斯（St. Andrews）打一場高爾夫球。

☑ 到愛丁堡城堡看命運之石（Stone of Destiny）。

☐ 表演一段脫口秀。
☐ 帶蘿拉去奧斯卡頒獎典禮。
☐ 參加科技娛樂設計（TED）研討會。
☐ 到五個不同的洲去參加傳道活動。

體能目標

☑ 到大峽谷從山的一緣健行到另一緣。
☐ 爬上超過一萬四千呎高的山。
☐ 跟薩孟一起參加「遠離惡魔島游泳大賽」。
☐ 和我的一個孩子一起跑步十公里。
☐ 與派克、裘夏去參加鐵人三項。
☐ 在我四十多歲時灌籃。
☐ 在我五十多歲時平躺舉重超過兩百五十磅。
☐ 在我六十多歲時參加鐵人三項。
☑ 跑半馬的馬拉松。
☐ 騎單車一百哩。
☐ 參加城市障礙田徑賽。

財務目標

☐ 在五十五歲時沒有債務。

☐ 將我們在全國社區教會賺取的每一分錢回報回去。

☐ 在我們退休之前，用百分之十生活，奉獻百分之九十。

☐ 捐出超過一千萬美元。

☐ 帶領全國社區教會奉獻兩千五百萬美元從事傳道活動。

旅遊目標

☐ 追隨保羅的傳教旅行足跡。

☐ 跟家人一起駕房車度假。

☑ 到優勝美地（Yosemite）國家公園登上半圓頂山（Half Dome）山頂。

☑ 在優勝美地的阿赫瓦尼（Ahwahnee）酒店過夜。

☑ 拜訪巴爾第摩（Biltmore）官邸。

☑ 在黃石國家公園的老信實旅館（Old Faithful Inn）過夜。

☑ 到大提頓（Grand Teton）國家公園，健行到珍妮湖（Jenny Lake）附近的啟發點（Inspiration Point）。

☑ 觀賞西部牛仔競技表演。

☐ 爬上衣索比亞的拉利貝拉（Lalibela）的岩窟教會。

☐ 拜訪希臘的邁泰奧拉（Meteora）修道院。

☐ 去非洲沙漠旅行。

☐ 到聖地（Holy Land）的苦路（Via Dolorosa）散步。

☐ 在猶太教的節日拜訪耶路撒冷。

☐ 到澳洲去看袋鼠。

☐ 到澳洲的大堡礁潛水。

☐ 在法國的艾菲爾鐵塔頂端親吻蘿拉。

☐ 爬上吉力馬札羅山。

☐ 去看北極光。

☐ 到阿拉斯加去划皮艇。

☑ 拜訪德國威登堡的城堡教堂。

☐ 搭船遊萊茵河。

☐ 到威尼斯搭小船。

☐ 到阿卡迪亞（Acadia）國家公園的卡迪拉克（Cadillac）山上看日出。

☐ 到夏威夷的哈雷阿卡拉（Haleakala）國家公園走步道。

☑ 跨越赤道。

☑ 去看義大利的海上洞穴——藍洞。

☐ 去希臘雅典參觀巴特農神殿（Parthenon）。

☐ 在紐約市搭馬車穿過中央公園。

☐ 到麥奇諾小島（Mackinac Island）上的富麗大飯店（Grand Hotel）住宿。

Part 4

然後，持續畫圈

在我的生命目標清單當中，最近被勾起來完成的目標，是和我兒子派克一起到優勝美地國家公園的半圓頂山去爬山。以困難度來說，它僅次於走印加古道到馬丘比丘和走完大峽谷一圈。那是一段十五．五哩的路程，上升高度為四千八百呎。但是，它最困難的地方不是體能上的挑戰；最困難的地方在於，我必須面對我的懼高症和爬上傾斜六十度、通往山頂的鋼索。

在爬山的那天早上，我從山谷的地面仰望半圓頂山，這個想法突然出現在我腦海：我們要怎麼上去那裡？那看起來幾乎不可能，但是答案是相當簡單的：**一步一腳印**——那就是你達成任何目標的方式。只要你一步一步走下去，在到達山頂之前絕不喊停的話，你就可以爬上最高的山。

畫祈禱圈就很像在爬一座山。也許你的夢想、承諾或奇蹟看起來是不可能的，但是你如果持續畫圈，任何事都是可能的。隨著每一次的祈禱，你的高度都會有些微的變化。隨著每一次祈禱，你就離回應更進一步了。

在我爬完半圓頂山之後，我發現到一點：滿足感的程度是與困難程度直接成正比的。坡度越艱難，登頂就會越甘甜。祈禱也是一樣。你越需要畫出祈禱圈去圈住某件事，在心靈上它就會令你越滿足。而且，神也會因而得到更多的榮耀。

在以前，我都想要神盡快地回應每一個祈禱。而現在，那已經不是我的日程表。我不要簡單的答案或是快速的回應，因為我很容易不當處理那些來得太快、太容易的祝福，我會自己居功，或認為一切理所當然。因此我現在祈求，希望我的祈禱能花夠長的時間、有夠困難的難度，好讓神能接受到所有的榮耀。我不會尋求最輕鬆的路途，我尋求的是最多榮耀的路途。那需要高難度的祈禱和很多的祈禱圈。

在一開始，我們的祈求很少能一下就擊中神的良善、喜樂和完美的旨意。大多數的祈求都需要被修正。即使是何尼那個「拯救了一整個世代的祈禱」也沒有在第一次就一語中的。何尼兩次修正了他的祈求：「我祈求的不是這樣的雨……」他不滿於濛濛細雨或是傾盆大雨，他試了三次，才說中他明確想要的：「我求的是以祢的恩惠、憐憫和恩典所降下的雨水。」何尼在沙地上畫了一個圈，然後他又在圈裡的一個圈裡，又畫了一個圈。

我們在祈禱時遇到挫折的原因之一，就是我們希望回應越快越好的想法。當我們的祈禱沒有像我們想要的那麼快或那麼簡單地得到回應，我們就開始厭倦畫圈。也許我們需要改變的是祈禱的方式，從越快越好，到不管要花多久的時間。

持續畫圈吧！

第16章 雙重的奇蹟

不要做微小的計畫

當你依賴信仰而活，你可能會覺得那好像要賭上你的名聲。其實並不是。你是賭上神的名聲。因為攤在檯面上的，並不是你的信仰，而是祂的信實。為什麼呢？因為神是定下承諾的源頭，祂才是唯一可以守住它的。這場戰役並不是屬於你，而是屬於神。因為那不是你的戰役，那份榮耀也不歸屬於你。神回應我們的祈禱，以此榮耀祂的名，而祂的名凌駕在所有一切的名之上。

畫出祈禱圈，並不是要你向神證明你自己的能力；而是給神一個機會，讓祂向你證明祂的能力。萬一你忘記了，那會確保你永遠記得——神是在你這一邊的。我不能保證神會永遠給出你想要的回應，我也不能保證祂會照著你的時間表來回應你。但是我可以保證的是：祂會回應每一個祈禱，而且祂會信守每一個承諾。那就是祂，那就是祂的作為。如果你有信心大膽夢想、用力祈禱和長遠思考，那麼，就沒有什麼事比證明祂守信用更讓神樂意去做的了。

畫圈人何尼的孫子哈南那巴（Hanan ha-Nehba）沿襲了祖父在心靈上和行為上的遺澤。當以色列需要雨水時，智者派學童去拉他的衣角，請他祈雨。哈南那巴用一個簡單的祈禱，抓到了他祖父的心和他天父的心：「宇宙之主，請看在這些孩子的份上降下雨水，他們還不知道能給予雨水的天父和無法給予雨水的爸爸，這兩者有什麼區別。」

不管那些懷疑論者會說什麼，你大膽地夢想或是大膽地祈禱並不會冒犯神。天父是個值得誇耀的爸爸。評議會批評何尼竟敢在地上畫圈來要求雨水，但那是給神一個機會來證明祂的力量和祂的愛。那就是神要的。那也是祈禱的作用。

不要做微小的計畫

「不要做微小的計畫，它們沒有激起人類熱血的魔力。」這是來自建築師和夢想家丹尼爾．伯納姆（Daniel Burnham）的話。在一八九三年擔任芝加哥世界博覽會的主要建築設計師之後，他把眼光放在一個偉大的願景上——華盛頓的聯合車站。

光是要填滿那個作為聯合車站地基的窪地，就花了一大批勞工團隊一整年的時間和四百萬立方碼的填充土。那些土已經足夠容納八萬個跳火車的人，排開來可以有六百哩的長度。在花了五年和兩千五百萬美元之後，伯納姆的願景在一九〇七年十月二十七日早上六點五十分，隨著巴爾第摩和俄亥俄匹茲堡快車鳴著汽笛駛進聯合車站時成真了。

在下一個世紀裡，國王和皇后在它的走道上來去。在兩次世界大戰期間，無數從軍的男男女女都在赴戰場之前，在這裡與他們的愛人吻別。然後在一九八〇年代早期、花費了一千六百萬美元的修復工程之後，這個現代化的車站和大商場成了華盛頓特區最熱鬧的地點。

走在聯合車站，你很難不聽到丹尼爾．伯納姆的話在你腦中迴響著：「不要做微小的計畫。」那好像在說，車站裡龐大的天花板可以頂起你的夢想。在美妙的十三年間，全國社區教會在聯合車站的電影院裡聚會，在那裡我們學會為神懷抱偉大的夢想。當那些電影院在二〇〇九年的秋天關閉時，感覺就像火車已經離站，而我們錯過了車班。那是我生命中最大的挫折之一，我們也為此難過了好幾個月。老實說，我不相信我們可以找到別的地方，能給我們像聯合車站那樣的能見度和便利性。

結果，我錯了。

地點、地點、地點

有時候我們會以為，神會因為一些我們會覺得驚訝的事情而感到驚訝，但是正確說來，全知的神是不會感到驚訝的。神永遠都會領先我們一步，即使我們覺得祂好像落後了我們一步。祂在祂全能的袖口上永遠保有一份神聖的驚喜。

當聯合車站的電影院關閉的時候，我們感覺好像困在紅海和埃及軍隊中間。我不明白為什麼神會讓這件事發生，我也不知道該往哪裡去、該怎麼辦。我有一大堆疑問和懷疑，但同時我也站在我圈起來的〈出埃及記〉（出谷紀）的承諾上面：「要站穩。今天你們要看見上主怎樣救你們！」[1] 我只是不知道我們需要站穩一年半的時間。

我們因為電影院突然關閉而受到打擊，但是神已經完美地為接下來祂知道會發生的事情做了預備。那時，身為一個擁有五個聚會場所的多據點教會，我們有彈性可以重新分發我們的會友。其實我們的咖啡屋有個表演空間，就在聯合車站不到一個路口的距離，問題是咖啡屋的空間不夠大。我們知道那是我們到處尋找時的一個暫時的辦法，但是一年半之後，我們什麼也沒找到。那很令人沮喪，因為我們像一切都取決於自己那樣拼命地努力，也像一切都取決於神那樣拼命地祈禱。但同樣地，那也很激勵我們，因為我們心中是平安的，因為我們不顧一切地祈禱。我們知道，並不是因為沒有嘗試或是沒有祈禱，才無法找到替代的聚會地點。

我們繼續站穩，直到我們只剩下「站位」！有一次我們開玩笑說要影響國會山除了消防局局長以外的每個人，結果，那並不真正是個玩笑話。咖啡屋的那個表演空間擠進了原本能容納的兩倍人數，然後我們每個週末還要做四場禮拜。當我們不得不開始拒絕

1 參見〈出埃及記〉（出谷紀）十四章十三節。

前來的人們時，我們感到很絕望。

然後有一天，我開車駛下國會山的主要道路兵營街（Barracks Row），我注意到了民眾教會（The Peoples' Church）。人們不可能不注意到它，因為電影院的閃亮看板在前一個世紀就把它的門面裝飾得耀眼華麗。

兵營街是國家首都的第一條商業街，因為它靠近建於一七九九年的海軍院。初次來到華盛頓的人會在那裡的碼頭上岸，然後在那裡享用他們在這裡的第一餐，或是在第八街度過他們的第一個夜晚。在一八〇一年，湯瑪斯．傑佛森（Thomas Jefferson）選擇了第八街來當作海軍隊（Marine Corps）的兵營地點，於是這個地區成了兵營街。這條街道繁榮了一個半世紀，直到一九六八年一場市中心的暴動讓商業移出了這個區域，兵營街便開始沒落。就像曾在這條街上的電影院放映過的西部片中的情景，它看起來像是個幽靈城鎮。

到了一九九〇年代晚期，人們努力讓兵營街再度振興起來，國家歷史保存董事會（National Trust for Historic Preservation）在二〇〇五年頒發的全美主要街道獎（Great American Main Street Award）讓這份努力達到了高峰。樓牆都回復了它們原有的風采，本地商店帶著一些社區的獨特色彩回到這個區域，很多創新的餐廳概念也重新建立了這裡的夜生活。

當國慶日的遊行路線在幾年前改回到第八街的時候，兵營街又再次成為國會山的主要道路。那條遊行路線從我們在第八街和維吉尼亞大道交叉口的房子開始，經過往北三個路口的民眾教會，然後在第八街和潘索凡尼亞（Pennsylvania）大道結束。

如果神說：「我可以給你任何地方，供你重新建立你在聯合車站的據點。」那麼我會選擇民眾教會，因為它有地點、地點、地點。但是我覺得這樣想很不好，而差點放棄了這個想法，原因非常明顯：民眾教會在那裡聚會。但在同時，我受到感召打電話給那位牧師，繼十年前我得到聖靈提醒打電話給羅伯．湯瑪斯之後，我又學到了一個珍貴的教訓：你永遠不會知道，打了那通電話，你會得到什麼樣的答案。那一通電話讓我們買下了F街二〇五號，又讓我們買下二〇一號，也因此讓我們能打造以便以謝咖啡屋。我完全不知道這通電話會促成一個雙重奇蹟，但是我知道，我需要打這通電話。

雙重的時間

我用google搜尋民眾教會，找到了他們的牧師邁可．霍爾（Michael Hall）的電話號碼。在我還沒真正地自我介紹之前，他告訴我，他已經聽說我們因為聯合車站關閉而遭遇的困境。他真的非常親切。事實上，他願意讓我們暫時借用他們的教會，直到我們找到一個永久的解決辦法。我拒絕了這個美好的提議，因為我們空間的問題不是在特定時間內可以解決的，但是我很感激他的好意。

幾個禮拜過後，我們在火柴盒（Matchbox）餐廳用午餐，那是我在兵營街上最喜歡的餐廳之一，位置就在民眾教會隔幾個門牌的地方。我立刻知道我找到了新朋友。我很驚訝地知道邁可已經七十一歲了，因為他看起來根本不超過五十五歲。那大概是基因的關係，他九十一歲的母親也還在佈道。

邁可告訴我，他的雙親佛瑞德和夏洛蒂在一九六二年買下了老舊的學院劇場（Academy Theatre），然後創辦了民眾教會。他告訴我，那個教會的會友在過去十年有了改變，現在有大多數的會友都要從馬里蘭過來。他還說他們在幾年前差點因為財務上的原因把教堂賣掉，但是交易沒有成功，因為國會山社區並不想讓一間夜店在這裡設立，加上教會本身也全體投反對票、拒絕出售。

一個月後，我們又一起用午餐。我感覺神彷彿在提示我，詢問邁可是否有意出售教堂。老實說我並不在乎答案是如何，我只希望他不會因為這個問題受到冒犯。他一點都不覺得唐突，但是答案是否定的。

我越認識邁可牧師和他的妻子泰莉，我就越喜歡、尊重他們。他們告訴我關於民眾教會的美妙歷史。他們也告訴我，一個白人牧師要牧養一個原本是以非裔美籍會友為主的教會，是一種很獨特的喜樂。他們還告訴我他們對於未來的展望。到了七十一歲這個年紀，大多數人都已經放慢腳步。但邁可．霍爾沒有。他有角豆樹的精神，到了八十五歲都還跟四十歲一樣健壯。

六個月過後，我受到感召再次詢問邁可，他們是否會考慮出售教堂。他又一次地否定了，但他也說了：「馬克，如果我們要賣教堂的話，我們會希望是你擁有它。」然後在二〇一一年二月，我受到感召又問了一次。坦白說，我實在不想這麼做。雖然我們聚會地點的壓力隨著每個月的過去而日益增加，但是在那個時候，我覺得我跟邁可、泰莉的關係，遠比地產來得重要。如果那對民眾教會不是最好的，那對全國社區教會來說也不會是最好的選擇。如果這對他們來說不是勝利，那對我們來說也不是勝利。那必須是個雙贏的局面，而我也這樣跟他們說。第三次詢問的答案也是否定的，但是邁可告訴我，他會為此祈禱，而我知道他是認真的。

兩天後，我在前往超級盃的路上收到邁可傳來的訊息，他告訴我，神讓他改變了心意。他感覺那不只是我們一直在祈求的神蹟，他覺得那也是他們一直在祈求的神蹟。我很驚訝，不只是被那封簡訊的內容嚇到，而是發現一個七十一歲的老牧師居然會發簡訊！

那是第一個奇蹟。第二個奇蹟，就是要說服幾年前曾經全體投反對票、拒絕出售的會友。第三個奇蹟，就是要在大部份會友居住的馬里蘭找到新的房子。我以為那些奇蹟會花上好幾年（假設它們真的會發生的話），然而，當神行動的時候，祂就是行動了。在我們站穩了一年半的時間之後，第二和第三個奇蹟在一個禮拜內就發生了。神在雙重的時間內，實現了雙重的奇蹟。

雙重的奇蹟

二〇一一年三月二十三日，我和邁可見面，簽下購買民眾教會的合約。他們只花了幾天時間就找到了他們的應允之地，地點就在馬里蘭穿越普林斯喬治縣（Prince George's County）中心的主要幹道布蘭屈大道（Branch Avenue）上。就在我們準備好要簽訂合約的時候，他們的地產經紀人打電話來告訴他們，那塊地的地主剛剛將七十九萬五千美元的出售價格調降成三十七萬五千美元。

唯有神能成就這一切。

邁可其實可以在我們見面之前或是之後接到那通電話，但是神抓的時機是很不可思議的。那感覺像是一個價值三十七萬五千美元的認可，而且那並不是唯一的奇蹟。在簽訂合約的二十四小時內，我們獲得了一份一百五十萬美元的禮物，這讓我們得到了購買金額三百萬美元的一半。這就像是神分開了紅海一樣，讓兩邊的教會都可以在乾地上行走。我們走往兵營街，他們走往馬里蘭。我們在紅海的中間彼此擦身而過，為我們雙重的奇蹟讚美神。

我們以為，要在我們奇蹟式購得的第八街和維吉尼亞大道的地產上打造我們的新分區，要花上至少三年的時間。然後神在三個路口外賜給了我們一個踏腳石：民眾教會。最有趣的是，我們第一階段的聚會廳將是一個裝飾藝術風格的電影院，這幾乎就像是神在對我說：「我已經建造了你所夢想的。」因此，神在三個禮拜內完成了我們認為會花三年時間才能完成的事。在祂的預備裡，祂為一個擁有願景、在車站電影院裡聚會的教會，恩賜了距離東部市場（Eastern Market）地鐵站兩個路口的舊電影院。

我祈求我到七十一歲的時候，還能有邁可牧師一半的勇氣。要離開四十九年來一直都在同一地點聚會的那份安逸感，是需要勇氣的。要從頭開始、重新在馬里蘭建立民眾教會，也是需要勇氣的。但是這對他們、對我們來說，一樣都是很美妙的奇蹟。不僅是這次交易讓他們還清了所有債務，他們還可以完全不用貸款地買下他們的地，蓋他們的建築。最讓他們感到興奮的是，他們還有剩餘的金錢可以花在傳福音的行動上，而這一直都是他們抱持的初衷。

要長話短說的話，就是：**一個他們的奇蹟＋一個我們的奇蹟＝雙重的奇蹟**。

一個應該要記住的註腳。

二〇一一年年初，在一切奇蹟還沒發生之前，我不是唯一實行但以理禁食的人，邁可牧師也在實行！這只是巧合嗎？我不認為。當我回顧這一切，這雙重奇蹟降臨的唯一原因，就是因為我們雙方都在禁食和祈禱。祈禱和禁食讓我有勇氣第三次去問他是否願意出售教堂，同樣地，祈禱和禁食也讓他有勇氣答應我。當邁可告訴我他會為此事祈禱時，他那時候正值禁食期間。我相信他開放的心靈是來自他空空的肚子。當兩個人都像但以理那樣地禁食和祈禱時，雙重的奇蹟就因此發生了。

再一個註腳。這個註腳要回溯到超過五十年以前。讓我回溯這個圈吧。

預言的祈禱

一九六〇年，一個名叫襄巴赫（R.W.Shambach）的宣教士在華盛頓特區為了信仰的復興而講道，他也為牧養教會的佛瑞德．霍爾夫婦祈禱。在他們完全不知情的情況下，襄巴赫把手擺在學院劇場的上面，祈求神把它賜給他們。那個祈禱在一九六二年得到了回應，民眾教會買下了那間舊劇場，然後將它轉變為一個敬拜的場所。他們持續四十九年在那裡虔誠地事奉神和他們的社區。

襄巴赫也為那個劇場祈求，說了一個我認為是預言的祈禱。他將手放在劇場的建築上，為神的榮耀圈住了它：「願這個地方一直被用來展現神的榮耀。」

那個預言的祈禱，在某一天的午餐時刻又重新露面。邁可說，他知道那個祈禱就是夜店的交易會談不成的原因。他知道我們是實現那個祈禱的人。我也知道。

當你知道一個來自五十年前的古早祈禱正在獲得回應，而你就在那個奇蹟的中央，那種感受是言語難以描述的。襄巴赫的祈禱，是一個把劇場用神的永恆榮耀圈起來的祈禱圈。它就像個時空膠囊，在五十年後被開啟，並且得到神的回應。

每個祈禱都是時空膠囊。你絕不會知道神會在什麼時候、什麼地方、用什麼方式回應它。但是祂一定會回應。沒有保存期限，也不會有例外。神會回應我們的祈禱。句點。我們不一定都能看到，也不一定都能瞭解，但是神**永遠都會回應**。

我們可以帶著神聖的期盼活著，因為神會安排好我們的腳步。當襄巴赫在一九六〇年把手放在那間劇場上面時，他圍著它繞圈祈禱。然後我在不知情的情況下，在一九九六年又在那裡畫了第二個圈。我本來都還沒有想到，直到我們要完成交易的時候，我才想起之前我繞著國會山一路散步祈禱的時候，我在民眾教會畫了一個祈禱圈。我直直走下第八街，我往右走時，就經過劇場的棚頂下方。我甚至沒有發現到，我在十五年前就已經畫了雙重的圓圈，圈住了那個雙重的奇蹟。

在簽訂合約之後，我寄電子郵件給一個銀行員朋友，他曾經贊助過我們的一些夢想。最近我已經告訴了他，我繞著國會山祈禱散步的事，所以他知道這是我所走過的第四個得到神回應的應允之地——前三個是我們在F街二〇五號的第一間辦公室、在F街二〇一號的咖啡屋，以及國會山第八街和維吉尼亞大道的最後一塊地。他開玩笑地問我：「還有哪些你走過的地是我需要知道的嗎？」我的回答是：「我走過了國會。誰知道呢？」

你**絕對永遠有時候不會知道**接下來會發生什麼事。

第17章 瓶裝的祈禱

祈禱就像瓶中信，終有一天會被開啟

我很喜歡〈但以理書〉（達尼爾）的結尾。但以理想得很深遠，同時也把他的想法大聲地說出來。在最後的十二章八節當中，他問了一個我們所有人都想知道答案的問題：「我主啊，這些事的結局是怎樣呢？」神永遠都會回應，只是那不總是很直接的答案。這絕不表示那不是個實在的答案，只是那其中有無限的曲折和峰迴路轉，對我們的左腦來說太複雜，使我們無法理解。

但以理啊，你只管去，因為這話已經隱藏封閉，直到末時。1

我明白這一段特別指出了聖靈給但以理的預言，但是我也相信在這個章節裡有一個共通的法則。我們的每一個祈禱都是預言，而全能的神會將它們彌封起來，直到它們注定的時機到來。祂從不會太早，也從不會太遲。當時機到來（注意，是時機〔Kairos〕

而不是時間（chronos）[2]，祈禱就會被開啟，答案就會被揭示。

在某個時間點，我們說出來的話語將不再存在，因為它們受到熵法則（law of entropy）[3]所限制。我們說出來的話，也就是一些聲波，先是產生摩擦，然後能量就會消退不見。然而我們的祈禱是永遠封存的，祈禱永遠不會停止存在，因為它們不受自然法則所限，包括熵法則。祈禱的超自然法則挑戰了時空的自然法則。

儘管我們不可能追溯每一個祈禱的路徑軌跡，但是它會以某種方式超越我們四次元的時空，傳達給存在於四次元時空之外的神，祂在說「要有光」[4]的時候就創造了這個時空。我們的祈禱不會隨著時間流逝而消散；我們的祈禱會不斷積聚，直到永恆。

依據都卜勒效應（Doppler Effect），我們的宇宙至今仍在擴張中。其中的意義在於：神在太初創造天地萬物時所講的三個字「要有光」，仍持續在宇宙的邊緣創造星系。如果神用三個字就可以辦到這樣的事，那你有什麼好擔心的呢？祂沒有什麼是做不到的，畢竟，祂已經憑空創造出一切了。

---

1 參見〈但以理書〉（達尼爾）十二章九節。

2 這兩個希臘文字都可以被翻譯成「時間」，但是它們有非常不同的涵義。chronos指的是機械性或是線性的時間；kairos跟時機比較相關，例如，它是能夠辨別出正確的時間點是否到來的能力。事實上，它可以被翻譯成「機會」。kairos也包含靈性的面向。如果chronos是時鐘上的時間，那麼kairos就是神聖的時機。

3 編注：熱力學的能量法則，指能量在轉換成不同形式的時候，會發生耗損。

4 參見〈創世記〉一章三節。

祂的話語從不會變成虛無。[5]當你用神的話語和神的旨意祈禱時，你的祈禱也不會消失。在時空開始之際便盤旋在渾沌上空的那位神，現在也盤旋在你生命的上空，而你絕不會知道，祂的回應會在什麼時候再次進入你的生命。但是你可以知道的是：神信守祂的話語，也必定會成就它。

可以確定的是，當我們的祈禱達到逃逸速度、進入神的軌道時，那個答案就會再次進入你的生命——在某個地方、用某種方式、在某個時刻。一九六〇年，一個畫了圈的祈禱為神的榮耀封存了第八街五三五號，然後它的答案在二〇一一年三月二十三日才被揭曉。那一天，我們在購買民眾教會的法律契約上簽署了我們的名字，但是靈性的契約很早之前就已經存在了。

傳遞祈禱的果實

在我們簽下合約購買民眾教會之後，邁可和我開始討論有哪些東西要依法轉移給我們、有哪些東西不用。然後，在一次聖靈的啟示中，我們發現到，在那裡發出的每一個祈禱最後都會轉移到我們身上。那個領悟讓我非常感動，讓我熱淚盈眶。如果要為民眾教會定位的話，那它就是個祈禱的教會。事實上，邁可的父母還差點將它取名為「祈禱之家」。

我們即將豐收那些我們沒有播種的果實。為什麼？因為民眾教會在兵營街種下了角豆樹，而我們將接受那些由我們靈性上的父親在很久以前播種結成的果實。而且我們傳承的不只是祈禱，那些願景也會跟著傳遞。

在我們簽訂合約幾天之後，邁可傳了簡訊給我，說他在我們相遇的十年前曾看到一個異象。在那個異象中，他看見年輕的人們高舉雙手敬拜，人多到把電影院擠滿，從前門一直滿溢到外面的人行道上。邁可說：「我還以為那個異象是給我們的，我現在才知道那是給你們的。」

那個異象在我們第一個週末的第一場禮拜就實現了。那時只剩下站位了。我們實實在在填滿了每一個座位，把大廳塞爆了，會友滿溢到大門之外。在我請每個人舉起雙手敬拜的時候，我並沒有想到那個異象，但是邁可說，那就是十年前神給他看見的景象。

雙倍的恩膏

你還記得以利亞（厄里亞）把他的大衣給了以利沙（厄里沙）嗎？那不僅是實物上的轉移，也是靈性恩膏的轉移。以利沙會施展出那麼多與以利亞相同的奇蹟並不是偶

5 參見〈以賽亞書〉（依撒意亞）五十五章十一節。

然。那份恩膏遠比那件大衣還要珍貴許多。

在我岳父去世的隔天，我站在我岳父的棺木旁，心中充滿著澎湃的想法和感受，但是我最清楚的記憶，就是請求他雙倍的恩膏，就像以利沙從以利亞那裡得到的一樣。我不覺得我清楚知道我到底求的是什麼，但那並不會妨礙神回應那個祈禱。祂的回應是全能全知、無所不在的。我要求雙倍，是因為我想要用我的事工來發揚他的遺澤，而我相信神已經榮耀了它。

對邁可牧師和民眾教會，我也有一樣的感受。我祈求他們恩膏的雙倍份量。我喜歡他們的實體建築，我喜歡它的地點。我們會找到好好發揮它的創新方式，讓它成為教會和社區人們交會的地點。就像以便以謝咖啡屋，這個電影院將會變成我們社區相聚和傳播福音的現代水井。然而，遠比實體物質更加珍貴的，是從那裡傳遞下來的祈禱。神的聖者累積了四十九年祈禱的祝福，我們就是它的蒙惠者。它們當中的每一個祈禱都傳遞下來了，沒有一個被遺漏。

瓶裝的眼淚

我認為聖經裡最美、最有力的一段描述，是在〈詩篇〉（聖詠集）當中。那是一個祈求被圈住的珍貴承諾。那將是我會圈起的最後一個承諾，但它也許可以成為你開始畫圈的地方。

> 你收集了我所有的眼淚，裝在你的瓶子裡。6

眼淚有很多種。有些是待在加護病房裡的小男孩的母親所落下的眼淚，小孩這麼年幼就得與白血病對抗，但他還是奮力抵抗。有些是新娘的父親領著他的女兒，在結婚之日走在教堂步道時所落下的眼淚。有些是沾溼了離婚協議書的眼淚。還有一些是在贏得全國冠軍的時候，混著汗水滑下一個成熟男子臉頰的眼淚。然後，還有在祈禱中掉下的眼淚。

每一滴眼淚對神來說都是珍貴的。它們是永恆的紀念。祂在天國裡拭去所有淚水的那一天終會到來。在那之前，神會撼動天地來榮耀每一滴落下的眼淚。神不會遺漏任何一滴眼淚。祂會記得每一滴淚，祂會榮耀每一滴淚，祂會收集每一滴淚。

就好像神用瓶子裝起我們累積的眼淚一樣，祂也同樣地收集我們的祈禱。每一個祈禱對祂來說都是珍貴的。每一個祈禱都被祂封存起來，而你不會知道祂什麼時候會開啟、回應。

6 參見〈詩篇〉（聖詠集）五十六章八節。編注：作者此處採用的新生活版聖經（The New Living Translation，簡稱NLT），與現行中譯本略有不同。

有時候我會感到恐懼。

我最大的恐懼是害怕我的孩子可能有一天會背離信仰，但是我學到了丟掉那份恐懼，因為恐懼不是來自神的。然後我想起我已經圈住了〈路加福音〉二章五十二節：「耶穌的身體和智慧一齊增長，深得上帝和人的喜愛。」我也已經用那個祈禱圈住我的孩子好幾千次。那些祈禱已經被神裝起來了，聖靈會在我死去很久之後，在我孩子的生命中將它們開封、釋放出來。

有時候我會感到懷疑。

我害怕有一天我會錯誤處理神給予的祝福。然後我想到我已經圈住了〈詩篇〉八十四章十一節：「他從不留下一樣美好的事物不賜給行為正直的人。」我所要做的就是繼續謙卑、繼續渴慕。

有時候我會信心動搖。

我害怕上一個奇蹟會是最後的奇蹟。然後我提醒我自己，我已經圈住了〈申命記〉三十三章十六節，「住荊棘中的上主的喜悅」已經在我身上。我不知道未來會如何，但是我知道誰掌握著未來。你的生命在祂的手中，而你的祈禱在祂的瓶中。就像瓶中信一樣，你的祈禱會隨著祂全能的意旨漂流。沒有人知道它們會在什麼時候、在什麼地方靠岸。但是那些瓶裝的祈禱會用神的方式、在神的時機被開啟。祂會在某時、某地、用某種方式回應。你所要做的就是持續畫圈。

大膽夢想。

用力祈禱。

長遠思考。

第18章 永恆的迴響

只要一個人，一個祈禱……

猶太歷史學家約瑟夫斯（Flavius Josephus）在他的作品《猶太古史》（*Antiquities of the Jews*）中，記載了畫圈人何尼的事蹟，即「造雨人歐尼亞」（Onias the rainmaker）。他的文獻記載了第一世紀的旱災，並且認為何尼是以色列的唯一希望。約瑟夫斯在描述到歷史轉捩點的時候，都會用這句話來開頭：「現在有一個人。」

> 現在有一個人，他的名字是歐尼亞，一個公義的人，也是神喜愛的人，在一場乾旱當中，他向神祈求終結這場強烈的炙熱，他的祈禱被神聆聽，就給了他們雨水。[1]

何尼獨自站著，然後在他畫出的圓圈裡面跪下。他只是那麼做，就改變了整個歷史的方向。引用神學家華特・文克（Walter Wink）的話就是：「歷史，是屬於代禱者的。」[2]

在雨水降臨、塵土也落定了之後，威脅要將何尼逐出教會的評議會領導者薩塔（Simeon ben Shatah）寫信給何尼：

要不是你是何尼，我應該頒布將你逐出教會的命令……但是我能對你做什麼，你在無所不在的神面前做了那樣粗魯的舉動，而他全照著你的意思而行……

一個被覆蓋在黑暗裡的世代，透過你的祈禱被你點亮了……一個消沉沒落的世代，用你的祈禱被你高舉了……一個受盡自身罪惡屈辱的世代，因為你的祈禱而被你拯救了。[3]

---

1 Flavius Josephus, *Jewish Antiquities* (London: Words-worth, 2006), 581.

2 Walter Wink. *The Powers That Be: Theology for a New Millennium* (New York: Doubleday, 1999, 185-86.) 這是我一直很喜歡的名言之一，我在此分享一些想法。代禱者在靈性上挑戰了那些阻礙上帝承諾的試煉，他在受制於現況、貌似已經註定的結局中預見了另一種未來，他也將清新的空氣挹注到眼下令人窒息的空氣裡。歷史屬於那些相信未來可以改變的代禱者。這不只是與宗教相關，在共產主義、資本主義或無政府主義上面也一樣。未來屬於那些能夠看見全新可能性的人，這就是希望的道理。未來不是封閉的，即使我們採取的一些動作可以預測，但是它們會如何和未來互動，則無法預測。即使只有一小部分人，只要他們堅定地將自己放入預想的未來，他們便能決定性地影響未來的樣貌。無疑地，為我們代禱的人能改變我們，因為我們敞開了心胸接受那些我們沒有想過的全新可能性。也無疑地，我們的祈禱會以神聖的指令返回我們身上，成為對祈禱的回應。如果我們認真理解聖經，就會知道代禱不僅是這樣而已。它能改變世界，也能改變神的所有可能。它會在這個受限於非屬靈需要的世界裡，創造出一個相對自由的小島。一個到目前為止都只是潛在的全新力場也將因此出現。祈禱者會開啟一個空間，讓神可以有所作為。於是一個人的改變，就足以改變神在世界上所能成就之事。

3 Jacob Neusner, *The Talmud: Law, Knowledge, Narrative* (Lanham, Md.: University Press of America, 2005), 183.

一個祈禱圈

千萬不要低估一個祈禱圈的力量。

當你大膽夢想、用力祈禱、長遠思考的時候，神沒有什麼是不能做到的。畢竟，祂的能力比你所能要求、所能想像的還要多出十五億五千萬光年。當你畫出一個祈禱圈，屈膝跪下的時候，你絕對永遠有時候不會知道接下來會發生什麼。它會改變你生命的天氣預報，永遠是「多雲，有降鵪鶉雨的機率」。

你不能打下一面五十呎高的牆，但是你可以繞著耶利哥城行走。你不能讓猛獅閉上嘴巴，但是你可以停下、跪下，然後祈禱。你不能讓雨水降下，但是你可以在沙地上畫圈。**不要讓你做不到的事，妨礙你去做你能做到的事**。畫圈吧。不要讓你所無法成為的樣子妨礙你去做你自己。你就是個畫圈的人。

我知道，有一個戴伯妮女士在讀這本書。還有一個哈里特．比徹，一個比爾．葛洛夫和一個邁可．霍爾。

現在有一個人。只要一個人，一個祈禱。

何不就是你呢？

那跟畫出你的第一個圈一樣簡單，就像我在國會山周圍一路祈禱的時候一樣。圈住的可能是個承諾，或是個必須面對的問題；可能是個朋友，或是個敵人；可能是個夢想，或是個奇蹟。我不知道那怎麼說，但是你必須說出來。然後你就必須持續畫圈。

不要自己單獨嘗試。以色列有一整隊軍隊。你必須邀請其他人加入你的祈禱圈，你們可以一起形成一個祈禱圈。當兩個人或三個人都在祈禱裡同心一致、雙重地圈繞神賜給他們的夢想時，一切都有可能發生。

永恆的迴響

我們在祈禱結尾的時候會說「阿們」，意思是「但願如此」，那表示一個祈禱的終了。但是**一個祈禱的結尾，往往是一個開端**。它是一個夢想的開端，是一個神蹟的開端，是一個承諾的開端。

畫圈人何尼的傳說是以一個祈雨的祈禱開始。現在，該是揭露「阿們」的時候了。

在西元前六十三年，巴力斯坦因為一場血腥的內戰被一分為二。希卡奴斯（Hyrcanus）二世和亞里多布（Aristobulus）二世（猶太國王亞歷山大占紐爾〔Alexander Jannaeus〕的兒子）在耶利哥城附近的戰場針鋒相對。亞里多布被迫逃到耶路撒冷的神殿裡，想保住最後一命。希卡奴斯和他的盟軍——阿拉伯頭目亞瑞塔斯（Aretas）帶著五萬大軍團團圍住神殿。除了祭司和神殿守衛之外，沒有人站在亞里多布這一邊。

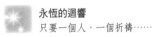

這時，希卡奴斯的軍隊發現那個年老的祈雨人何尼也在人群之中。迷信的軍隊把何尼帶到希卡奴斯面前，他命令何尼下詛咒給那些保衛神殿的人。何尼不能也不願服從那道命令，即使他們用刀劍脅迫他。最後，何尼就像那位拒絕詛咒以色列、用他的意志祈求恩典的先知巴蘭（巴郎）一樣，何尼在沙地上畫出了他的最後一個圈。

那是歷史上一個令人悲痛的諷刺：那個用祈雨的祈禱拯救了一整個世代的人，因為一個忤逆希卡奴斯意思的祈禱而被殺死。但是何尼忠於他的信念，不只是在他活著的時候這樣，在他死的時候也一樣。很多年以前，一群飢渴的靈魂圍繞著何尼，看著他在沙地上畫圈；現在他被一群殘暴的士兵圍住，而這些士兵的生命也是他過去用祈雨的祈禱拯救回來的。他們逼迫他講話，於是何尼說出了他在世的最後一段話，那將是一段迴響到永恆的祈禱：

噢，神啊，世界之王！既然那些站在我身旁的是祢的子民，那些被圍城的也是祢的祭司，我懇求祢，不要只聽這些人的祈禱而不聽那些人的，也不要回應這些人想去迫害那些人的祈禱！4

然後那些圍在他身旁的人全都上前，用石頭將畫圈人何尼砸死。這看來是個悲劇的結局，但是何尼死去的方式就跟他活著的方式一樣。他一直在祈禱，直到他死去的那一天。事實上，他的最後一口氣，就是帶領他通往永恆的祈禱。我不認為畫圈人會有其他下場。

多麼美的生活方式。
多麼美的死亡方式。
多麼美的通往永恆的方式。

---

4 Lawrence H. Schiffman, *Texts and Traditions: A Source Reader for the Study of Second Temple and Rabbinic Judaism* (Hoboken, N.J.: KTAV Publishing House, 1998), 261.

結語

一個粉筆畫的圓圈

他從來沒接受過正規教育，然而他如今在哈佛教課。他出生在一個吉普賽帳篷裡，然而他被召去白宮跟兩位總統見面。吉普賽・史密斯（Rodney Gypsy Smith）一八六〇年出生於倫敦近郊的艾平森林（Epping Forest），一生往返大西洋四十五趟，傳播福音給幾百萬人。很少有宣教士可以比他更熱衷於傳道。你問他的秘訣是什麼？個人的祈禱。比他的佈道更有力的，就是他的祈禱。

吉普賽的秘訣被一群尋求重生的人知道了，他們問他，神如何能像祂使用吉普賽那樣地使用他們。吉普賽沒有絲毫猶豫地說：「回家吧。把你自己關在房間裡，在地板的中央跪下來，然後用一支粉筆，在你的周圍畫出一個圈。在那裡，屈膝跪著，你要激烈、斷續地祈禱，讓神在那個圓圈裡開啟你的重生。」

我的朋友邁可・霍爾在我寫完本書之後，告訴了我這個故事。這本書的英文版封面是一個用粉筆畫成的圓圈，這在那時就已經設計好了。老實說，在聽到吉普賽・史密斯的故事之前，我本來不覺得那個封面有什麼特別。在我聽到那個故事之後，我感覺那個封面既有歷史性、又有預言性。如果一張圖片能代表一千個字，那麼封面上的粉筆圈就可以代表一千個祈禱。

但願這點能激發你，並且提醒你要畫出祈禱圈。那是神的偉大作為開始的地方，但願那也能在你的裡面為你開啟。

致謝

給我的妻子，蘿拉——你是我生命的愛。

給我的孩子，派克、薩孟和裘夏——沒有什麼能好過當你們的父親。

給我的祖父母，艾默和愛琳．強森（Elmer and Alene Johnson）——你們的祈禱將永遠留存。

給我的媽媽和爸爸，唐和寶妮．貝特森（Don and Bonnie Batterson）——你們的祈禱是我生命的支柱。

給我的岳父鮑伯．席米格——你讓我看見如何屈膝下跪。

給我的岳母凱倫．席米格（Karen Schmidgall）——你的代禱是無價的。

給我屬靈上的家人，全國社區教會——我不會想要在其他任何地方、做其他任何事、和其他任何人一起。

給貝思（Beth）、海蒂（Heidi）、戴比（Deb）、瑪德蓮（Madeleine）、珍妮佛（Jennifer）以及全國社區教會的整個禱告團隊——謝謝你們用祈禱圈繞著我，也圈繞了這本書。

給我的經紀人艾瑟（Esther）——你比我還早相信這本書。

給我的編輯約翰（John）和得克（Dirk）——你們是獨到的文字操刀者。還有電子方面的團隊，給爵克（Jake）和E團隊（E-Team）——謝謝你們最後的潤飾。

給我的出版社家人——辛蒂・藍伯特（Cindy Lambert）、唐・蓋茲（Don Gates）、維妮・坎尼（Verne Kenney）以及史考特・麥當勞（Scott Macdonald）——你們對這本書的個人和專業上的支持，已經遠超越你們份內的工作。

給課程小組：約翰・雷蒙（John Raymond）、TJ、麥克（Mike）、安迪（Andy）和杰（Jay）——謝謝你們在這個計畫裡面的功勞。

國家圖書館出版品預行編目資料

神奇的祈禱圈：勇敢告訴神，讓祂成就你的夢想與祝福！/馬克・貝特森(Mark Batterson)著；梁麗燕譯. -- 二版. -- 臺北市：啟示出版：英屬蓋曼群島商家庭傳媒股份有限公司城邦分公司發行, 2022.07
面；　公分. -- (Soul系列；39)
譯自：The Circle Maker : Praying Circles Around Your Biggest Dreams And Greatest Fears.

ISBN 978-626-96311-2-4 (平裝)

1.CST: 基督徒 2.CST: 祈禱

244.93　　　111010476

啟示出版線上回函卡

Soul系列039

神奇的祈禱圈： 勇敢告訴神，讓祂成就你的夢想與祝福！（原書名：勇敢告訴神，讓祂成就你的夢想）

作　　者／馬克・貝特森（Mark Batterson）
譯　　者／梁麗燕
企畫選書人／周品淳
總 編 輯／彭之琬
責 任 編 輯／周品淳

版　　權／吳亭儀、江欣瑜
行 銷 業 務／周佑潔、黃崇華、周佳葳、賴正祐
總 經 理／彭之琬
事業群總經理／黃淑貞
發 行 人／何飛鵬
法 律 顧 問／元禾法律事務所 王子文律師
出　　版／啟示出版
臺北市104民生東路二段141號9樓
電話：(02) 25007008　傳真：(02)25007759
E-mail:bwp.service@cite.com.tw
發　　行／英屬蓋曼群島商家庭傳媒股份有限公司城邦分公司
台北市中山區民生東路二段141號2樓
書虫客服服務專線：02-25007718；25007719
服務時間：週一至週五上午09:30-12:00；下午13:30-17:00
24小時傳真專線：02-25001990；25001991
劃撥帳號：19863813；戶名：書虫股份有限公司
讀者服務信箱：service@readingclub.com.tw
城邦讀書花園：www.cite.com.tw
香港發行所／城邦（香港）出版集團
香港灣仔駱克道193號東超商業中心1F　E-mail: hkcite@biznetvigator.com
電話：(852) 25086231　傳真：(852) 25789337
馬新發行所／城邦（馬新）出版集團【Cite (M) Sdn Bhd】
41, Jalan Radin Anum, Bandar Baru Sri Petaling, 57000 Kuala Lumpur, Malaysia.
電話：(603) 90578822　傳真：(603) 90576622
Email: cite@cite.com.my

封 面 設 計／李東記
排　　版／極翔企業有限公司
印　　刷／韋懋印刷事業有限公司

■ 2013 年 7 月 23 日初版
■ 2022 年 7 月 28 日二版

Printed in Taiwan

定價 360 元